CATALOGUE

DES LIVRES

COMPOSANT LA BIBLIOTHÉQUE DE M. J. RONDELET

ARCHITECTE,

Chevalier de la Légion-d'Honneur, Membre de l'Institut royal de France, de l'Académie des sciences, belles-lettres et arts de Lyon, et de plusieurs autres sociétés savantes, etc.

(M. DCCC. XXI.)

ARCHITECTURE.

1. *M. Vitruvii Pollionis de Architecturâ*, cum notis, Guillel. Philandri, in-fol., petit pap., 1 vol., fig. Lyon, 1552.
2. *M. Vitruvii Pollionis de Architecturâ* libri decem, cum commentaris Danielis Barbari, 1 vol. in-fol. Venitiis, 1567.
3. *Vitruve de Jean Martin*, avec les fig. de Jean Goujon, 1 vol. in-fol. Paris, 1547.
4. *Les dix livres d'Architecture de Vitruve*, traduits par Perrault, in-fol. Paris, 1673.
5. *M. Vitruvii Pollionis de Architecturâ*, libri decem, par Philander, 1 vol. in-4. Lugduni, 1552.
6. *Extrait des dix livres de Vitruve*, 1 vol. in-4. Toulouse, 1559.
7. *Abrégé des dix livres d'architecture de Vitruve*, par Perrault, 1 vol. in-12. Paris, 1674.
8. *I Quatro libri dell' Architettura* di Andrea Palladio, 1 vol. in-fol. Venetia, 1570.

9. *Le Fabbriche e disegni di Andrea Palladio, raccolti ed illustrati da Ottavio Bertholi Scamozzi*, avec la traduction française, 4 vol. grand in-fol., fig. Vicence, 1776 et 1783.
10. *Les Thermes des Romains*, dessinés par André Palladio, publiés de nouveau par Ottavio Bertotti Scamozzi, d'après l'exemplaire de Burtington, 1 vol. in-folio. Vicence, 1785.
11. *Architettura di Sebast. Serlio* in sei libri divisa, 1 vol. in-fol. Venetia, 1663.
12. *Idea dell' Architettura universale di Vincenzo Scamozzi*, architetto veneto, 2 vol. in-fol., fig. Venetia, 1615.
13. *L'Architettura di Leon Baptista Alberti*, tradotta in lingua fiorentina da Cosimo Bartoli con l'aggiunta di disegni ed altri diversi trattati del medesimo, 1 vol. in-fol. Monte-Regale, 1565.
14. *Vignole italien*, avec les planches du Labacco, 1 vol. in-fol.
15. *Le Nouveau Vignole*, par Détournelle, 1 vol. in-fol. Paris, 1804.
16. *Architettura civile del padre D. Guarino*, 1 vol. in-fol. Torino, 1737.
17. *Della Architettura di Gioseffe Viola Zanini*. Padovano pittore ed architetto, 1 vol. in-4, fig. Padova, 1629.
18. *Architettura di Antonio Vittone*, 2 vol. in-4. Lugano, 1760.
18 bis. *Istruzioni elementari*, per indirizzo de' giovani allo studio dell'architettura civile, da Bernardino Antonio Vittone, etc., 2 vol. in-4. Lugano, 1760.
19. *Principj di Architettura civile di militia*, 3 vol. in-4, petit pap. Finale, 1781.
20. *L'Architecture de Philibert de Lorme*, 1 vol. in-fol. Paris, 1568.
21. *Manière de bâtir*, par le Muet, 1 vol. in-fol. Soissons, 1746.
22. *Ordonnance des ordres*, par Perrault, 1 vol. in-fol. Paris, 1683.
23. *Architecture de Lepautre*, 1 vol. in-fol.

24. *Parallèle des ordres d'architecture*, par Chambrai, 1 vol. in-fol. Paris, 1650.
25. *Architecture de Blondel*, 2 vol. in-fol. Paris, 1683.
26. *Traité d'architecture*, par Sébastien Leclerc, 1 vol. in-4. Paris, 1714.
27. *Cours d'architecture civile de Daviler*, et dictionnaire, 2 vol. in-4. Paris, 1720.
28. *Cours d'architecture civile de Blondel*, 9 vol. in-8. Paris, 1771 à 1777.
29. *Nouveau Traité de toute l'architecture*, par Cordemoi, 1 vol. in-12. Paris, 1706.
30. *OEuvre de la diversité des termes dont on fait usage en architecture*, par Hugues Jambin, 1 vol. in-fol. Lyon, 1572.
31. *Dictionnaire d'architecture*, par Roland-le-Virloys, 4 vol. in-4. Paris, 1770.
32. *Dictionnaire d'architecture* de l'Encyclopédie méthodique, par Quatremère, 2 vol in-4. Paris, 1788.
33. *Essai sur l'architecture*, par l'abbé Laugier, 1 vol. in-12. Paris, 1755.
34. *Observations sur l'architecture*, par l'abbé Laugier, 1 vol. in-12. La Haye, 1765.
35. *L'Architecture soumise aux principes de la nature et des arts*, par Wilgrin Taillefer, 1 vol. in-4. Paris, 1804.
36. *Essai sur l'architecture théâtrale*, par Patte, 1 vol. in-8. Paris, 1762.
37. *Mémoires sur les objets les plus importans de l'architecture*, par Patte, 1 vol. in-4. Paris, 1769.
38. *Mémoires sur divers projets d'architecture*, 1 vol. in-4.
39. *Mémoires critiques d'architecture*, par Frémin, 1 vol. in-12. Paris, 1702.
40. *Opuscule sur l'architecture* (Mortier), 1 vol.
41. *Recueil de Mémoires sur l'architecture*, par Lahure, Dulin et Molinos, 1 vol. in-4. Paris, 1792.
42. *Caminologie*, ou Traité des cheminées, 1 vol. in-12. Dijon, 1756.
43. *Mécanique du feu*, 1 vol. in-12. Paris, 1713.

44. *Mémoire sur les hôpitaux de Paris*, par M. Tenon, 1 vol. in-4. Paris, 1788.

45. *Rapport sur les sépultures*, par le citoyen Cambry. Paris, an VII (1798).

46. *Cheminées économiques*, par Fosse, 1 vol. Paris, 1786.

47. 1 vol. contenant plusieurs Mémoires; dont un sur le canal de Bourgogne, un sur les édifices des anciens peuples, etc.

48. *Théorie et pratique du jardinage*, par Leblond, 1 vol. in-4. La Haye, 1715.

49. *École d'architecture rurale*, par Cointreau, 4 cah.

50. *Architecture française*, par Savot, 1 vol. in-8. Paris, 1673.

51. *Architecture pratique de Bullet*, commentée par Goupy, 1 vol. in-8. Paris, 1762.

52. *Idem*, par Seguin. 1788.

53. *Le Guide de ceux qui veulent bâtir*, par Camus de Mézières, 2 vol. in-8. Paris, 1781.

54. *Détails des fers*, par Bonnot, 1 vol. in-8. Paris, 1782.

55. *Détails de menuiserie*, par Potin, 1 vol. in-8. Paris. 1749.

56. *Tableaux détaillés des prix des ouvrages de bâtimens*, par Morisot, 4 vol. in-8. Paris, 1805.

57 *L'Art du peintre, doreur, vernisseur*, par Vatin, 2e. édit. Paris, 1776.

58. *Dictionnaire de voirie*, par Perrot, 1 vol. in-4. Paris, 1782.

59. *Les Lois des bâtimens*, par Desgodets, 1 vol. in-8. Paris, 1768.

60. *Les Lois des bâtimens*, par Lepage, 1 vol. in-4, Paris, 1808.

61. *Recueil et parallèle des édifices anciens et modernes*, par Durand, 1 vol. grand in-fol. Paris, an IX (1800).

62. Texte pour ce recueil, par Legrand, 1 vol. même format.

63. *Pianta di Roma*, par Nolli, 1 vol. 1748.

64. *Les Édifices antiques de Rome*, par Desgodets, 1 vol. in-fol. Paris, 1682.

65. *Romanæ magnitudinis monumenta*, etc., *curâ et*

sumptibus à typis dominici de Rubeis, 1 vol. in-fol. oblong. *Romæ*, 1699.

66. *Iconographia vetus Romæ XX tabulis*, 1 vol. in-fol. *Romæ*, 1764.

67. *Picturæ antiquæ cryptorum Romanorum*, 1 vol. in-fol. *Romæ*, 1750.

68. *Reliquiæ antiquæ urbis Romæ*, Overbeke, in-fol., 3 tomes reliés en 1 vol. Amst. 1708.

69. *Picturæ antiquæ cryptorum Romanorum et sepulchri Nasonum delineati et expressi ab archetypo* Pietro Santo Bartholi; descriptæ verò et illustratæ à Jos. Pet. Bellori, et M. Aug Caussa, 1 v. in-fol. atlas. Rome, 1750.

70. *Roma antica* di Nardini, 1 vol. in-4. Roma, 1666.

71. *Le Antiche Lucerne Sepolcrali* da Santo Bartholi, 1 vol. in-fol. Roma, 1729.

72. *Gli antichi Sepolcri overo mausolei romani ed etruschi*, da Santo Bartholi, 1 vol. in-fol. Roma, 1768.

73. *Amphiteatro Flavio*, dal cavalier Carlo Fontana, 1 vol. in-fol., grand papier. La Haye, 1725.

74. *Obelisco Augusti Cæsaris*, 1 vol. in-fol. Roma, 1750.

75. *Julii Cæsaris de obelisco nuper reperto.*

76. *Accurata e succinta descrizione topografica dell' antiquità di Roma*, del Abate Ridelfino, Venuti Cortonese, 2 vol. in-4. Roma, 1743.

77. *Accurata e succinta descrizione topografica ed istorica di Roma moderna*, del abate Ridelfino, Venuti, 1 vol. in-4. Roma, 1766.

78. *Roma sotterranea*, di Antonio Bosio, Romano, 1 vol. in-fol. atlas. Rome, 1632.

79. *Insignium Romæ templorum prospectus exteriores interioresque* à celebrioribus architectis inventi, etc., 1 vol. in-fol. rel. Rome, 1684.

80. *Roma vetus ac recens*, autore Alexandro Donato, 1 v. in-4. Roma, 1648.

81. *Roma antica e moderna o sia nuova descrizione di tutti gli edificii antichi e moderni*, par Venuti, 3 vol. in-8. Roma, 1765.

82. *Nouveau Recueil de vues des plus beaux restes de Rome ancienne et moderne*, 1 vol. in-fol. Rome, 1770.

83. *Palazzi di Roma di più celebri architetti*, disegnati da Ferrario pittore ed architetto, 1 v. in-fol. oblong. Roma.
84. *Memorie istoriche della grande cupola del tempio Vaticano*, par Poleni, 1 vol. in-fol. Padoue, 1748.
85. *Memorie istoriche della grande cupola del tempio Vaticano, e di danni di essa e de' ristoramenti loro*, divise in libri cinque, dal march. Poleni, 1 vol. in-fol., velin. Padoa, 1748.
86. *Il Tempio Vaticano* descritto dal cavaliere Carlo Fontana, 1 vol. in-fol. Roma, 1694.
87. *Numisma summorum pontificum templi Vaticani* à Philippo Bonani, 1 vol. in-fol. Roma, 1715.
88. *Détails de la basilique de Saint-Pierre du Vatican*, par M. Dumont, 1 vol. in-fol. Paris, 1763.
89. *Dessins de toutes les parties de Saint-Pierre de Rome*, par Tarades, 1 vol. in-fol.
90. *Scelta di architettura* da Ferdinando Ruggieri, 4 vol. in-fol. Firenze, 1755.
91. *Freggi dell' architettura* da Agostino Mitelli pittore, 1 vol. in-fol. Bologna, 1645.
92. *Manuale di varii ornamenti*, tratti delle fabriche e frammenti antichi da Carlo Antonini, 1 vol. in-fol. Roma, 1781.
93. *Veteris Latii antiqua vistigia, urbis mœnia, pontes, templa*, 1 vol. in-fol. Roma, 1751.
94. *Antiquitatum Tiburtinarum*, 1 vol. in-4.
95. *Delle ville e dei più notabili monumenti della città e del territorio di Tivoli*, Stefano, 1 vol. in-8. 1779.
96. *Pianta e spacatto del nuovo teatro d'Imola*, 1 vol. in-fol. Roma, 1780.
97. *Il Forestiere illuminato intorno le cose più rare e curiose antiche e moderne della città di Venezia*, 1 vol. in-8. Venise, 1772.
98. *Onuphrii Panvinii de Antiquitatibus Veronensibus*, 1 vol. in-fol. 1647.
99. *Onuphrii Panvinii de Ludis circensibus*, etc. Patavii. 1642.
100. *Antiquités de Vérone*, 1 vol. in-fol.
101. *Arc de triomphe de Bénévent*, 1 vol. in-fol.
102. *L'Arco trionfale eretto al imp. Nerva Trajano*,

in Benevente, da Carlo Nolli, 1 vol. in-fol., cartonné. Napoli, 1770.

103. *Architecture toscane* de Famin et Grangent, 1 vol. in-fol. Paris, 1815.

104. *Ruines des monumens de la Grèce*, par M. Leroy, 1 vol. in-fol. Paris, 1758.

105. *Ruines de Pestum*, par Lagardette, 1 vol. in-fol. Paris, 1798. — An VII.

106. *Observations sur les antiquités d'Herculanum*, par Cochin et Belicard, 1 vol. in-12. Paris, 1753.

107. *Description des pyramides d'Égypte*, par Grobert, 1 vol. in-4. Paris, 1801.

108. *Recueil général historique et critique* de tout ce qui a été publié sur la ville d'Herculanum en 1754, par Ameilhon, 1 vol. in-12. 1766.

109. *Palais*, *Châteaux*, *Maisons* et autres monumens de Paris, par J. Marot, atlas, 1 vol. in-4.

110. *OEuvres de Marot*, 1 vol. oblong.

111. *Les Bâtimens de France*, par Ducerceau, 2 tomes en 1 seul vol. in-fol. Paris, 1607.

112. *Perspectives et Arabesques* de Ducerceau. Paris, 1551.

113. *Discours historial de l'antique et illustre cité de Nisme*, par Jean Poldo d'Albenas, 1 vol. in-fol. Lyon, 1560.

114. *Antiquités de la France*, par Clerisseau, 1 vol. in-fol., 1re. partie. Paris, 1778.

115. *Recueil d'antiquités dans les Gaules*, par M. de la Sauvagère, 1 vol. in-4. Paris, 1770.

116. *Théâtre de Bordeaux*, par M. Louis, et méthode d'encaissement pour fonder dans l'eau, par M. Tardif, réunis en 1 vol. in-fol., atlas, 1752 et 1757.

117. *Plans*, *Profils*, *et Élévation de la ville et château de Versailles*, 1 vol. in-fol. Paris, 1714.

118. *Histoire de l'hôtel des invalides*, par Granet, et gravures par Cochin, 1 vol in-fol. Paris, 1734.

119. *Description générale de l'hôtel des Invalides*, 1 vol. in-fol. Paris, 1683.

120. *Plans*, *Coupes*, *Détails*, et *différens projets de la nouvelle église de Sainte-Geneviève de Paris*, publiés par Dumont, 1 vol. in-fol. Paris, 1777.

121. *Mémoire historique sur le dôme du Panthéon français*, ou nouvelle église de Sainte-Geneviève, par J. Rondelet. Paris, 1796.

122. *Monumens à la gloire* de *Louis XV*, par Patte, 1 vol. in-fol. Paris, 1765.

123. *Paris et ses Monumens*, par Baltard, 1 vol. in-fol. Paris, 1803.

124. *Marché Saint-Germain*, par Blondel. Paris, 1816.

125. *Plans de Paris*, par M. Beaurain, 1 vol. in-4. Paris, 1763.

126. *Les Trésors et merveilles de Fontainebleau*, 1 vol. in-fol. Paris, 1642.

127. *Recueil des Projets de l'académie*, par Prieur, 2 vol. in-fol. Paris.

128. *Continuation de ce Recueil*, par Détournelle, 1 vol.

129. *OEuvres d'architecture de Joseph Peyre*, 1 vol. in-fol. Paris, 1765.

130. *Supplément de cet œuvre*, par Peyre fils, 1 vol. in-fol. Paris, 1795.

131. *Architecture civile* de Dubut, 1 vol. in-fol. Paris, 1803.

132. *Plans, Coupes et Élévations de l'église royale de Frédéric V*, à Copenhague, par M. Jadin, 1 vol. in-fol. 1765.

PERSPECTIVE.

133. *Le Due regole della perspettiva pratica* de Vignole, 1 vol. in-fol. Roma, 1583.

134. *Traité de perspective* du père Pozzo, en quatre langues, 2 vol. in-fol.

135. *Architecture perspective*, de Bibiena, 1 vol. in-fol.

136. *Traité de perspective*, de M. Decourtonne, 1 vol. in-fol. Paris, 1725.

137. *Traité de perspective pratique*, de Bretez, 1 vol. in-fol. Paris, 1751.

138. *Perspective curieuse*, du père Nicéron, 1 vol. in-fol. Paris, 1638.

139. *Perspective de Marrollois*, 1 vol. in-4. Amsterdam, 1628.

140. *Études d'ombre*, par Stanislas Léveillé, 1 v. in-fol.
141. *Leçons de perspective*, par Jacques Androuet Ducerceau, 1 vol. in-fol. Paris, 1576.

COUPES DES PIERRES.

142. *Architecture des voûtes*, du père Derand, 1 vol. in-fol. Paris, 1643.
143. *Les Secrets d'architecture*, de Mathurin Jousse, 1 vol. in-fol. La Flèche, 1642.
144. *Traité de la coupe des pierres*, par Delarue, 1 vol. in-fol. Paris, 1728.
145. *Traité de la coupe des pierres*, de Frézier, 3 vol. in-4. Strasbourg, 1737.
146. *Coupe des pierres*, de Mangin fils, 1 vol.
147. *Coupe des pierres*, par Simonin, 1 vol. in-4. Paris, 1792.
148. *Traité de la coupe des pierres*, sans nom d'auteur, 1 vol.

CHARPENTE.

149. *Nouvelle invention pour bien bâtir à petits frais*, par Philibert de Lorme, 1 vol. petit in-folio. Paris, 1561.
150. *L'Art de la charpenterie*, par Mathurin Jousse, 1 vol. in-fol. Paris, 1751.
151. *L'Art du charpentier*, par Fourneau, 1 vol. in-fol. Paris, 1802.
152. *Traité de charpenterie*, par Mésanges, 2 vol. in-8. Paris, 1753.
153. *Traité de la force des bois*, par Lecamus de Mézières, 1 vol. in-8. Paris, 1782.
154. *Contignationes ac Pontes* Nicolai Zabaglia unà cum quibusdam imperatoriis pontibus ac descriptione translationis. 1 vol. in-folio. Roma, 1743.
155. *Obelici Vaticani aliorumque*, per equitem Dominicum Fontana sucepta, italien et latin, 1 vol. in-fol., atlas. Roma, 1743.
156. *Transport du rocher de granite* qui sert de base à

la statue de Pierre-le-Grand, à Saint-Pétersbourg, par le comte de Carbury, 2 vol. in-fol. Paris, 1777.

157. *Plans, coupes et élévations de diverses productions de l'art de la charpente*, etc., recueillies par J.-Ch. Krafft, architecte, 1 vol. in-fol. Paris, 1805.

PONTS ET CHAUSSÉES.

158. *Construction des ponts de Neuilly, de Mantes, etc.*, par Peyronnet, 1 vol. in-4. Paris, 1788.

159. *Atlas de l'œuvre de Peyronnet*, 1 vol. in-fol. Paris, 1788.

160. *Mémoires de Peyronnet sur les grandes arches*, 1 vol. in-4. Paris 1793.

161. *Mémoire sur une nouvelle manière d'appliquer les chevaux au mouvement des machines*, 1 vol. in-4. Paris, 1793.

162. *Description du nouveau pont de pierre construit sur la rivière de l'Allier, à Moulins*, par M. de Regemorte, 1 vol. in-fol. 1771.

163. *Histoire des grands chemins de l'empire romain*, par Nicolas Bergier, 2 vol in-4. Bruxelles, 1728.

164. *Traité des ponts*, par Gauthier, 1 vol. in-8, 4e. édition. Paris, 1765.

165. *Traité de la construction des chemins*, par Gauthier, 1 vol. in-8, 3e. édition. Paris, 1755.

166. *La science des canaux navigables*, par M. Defer de La Nouerre, 3 vol. in-4. Paris, 1786.

167. *Canaux navigables*, par Linguet, 1 vol. in-12. Paris, 1769.

168. *Traité de la construction des ponts*, par Gauthey, et publié par Navier, ingénieur de ponts et chaussées, 1 vol. in-4. Paris, 1809.

169. *Cartes des canaux d'Orléans*, 1 vol. in-fol.

170. *Recueil de plans manuscrits*, par M. de Mondran.

ARTS ET MÉTIERS.

171. *Dictionnaire universel des arts et métiers*, par l'abbé Jaubert, 5 vol in-8. Paris, 1773.

172. *Secrets concernant les arts et métiers*, 2 vol in-12. Bruxelles, 1760.
173. *L'art de la corderie*, par M. Duhamel, 1 vol in-4. Paris, 1769.
174. *L'Art du chaufournier*, 1 vol. in-fol. Paris, 1766.
175. *Traité des voitures*, par M. de Garsault, 1 vol in-4. Paris, 1756.
176. *L'Art de la peinture sur verre et de la vitrerie*, par Levieil, 1 vol. in-fol. Paris, 1774.

HISTOIRE DES ARTS ET DISSERTATIONS SUR LES ARTS.

177. *L'origine des lois, des sciences et des arts, et leurs progrès chez les anciens peuples*, 6 vol in-12. Paris, 1778.
178. *Lettres de Pline le jeune*, traduites par M. de Sacy, 2 vol. in-12. Paris, 1773.
179. *Histoire de l'art chez les anciens*, par Winkelmann, traduite par M. Huber, 3 vol. in-8. Paris, 1789.
180. *Lettres de Winkelmann sur les découvertes faites à Herculanum, à Pompeii, à Stabia, à Caserte et à Rome*; et *Remarques sur l'architecture*, 1 vol. in-8.
181. *Les temples anciens et modernes*, par M. Le May, 1 vol in-8. Londres, 1774.
182. *Histoire de la disposition et des formes différentes que les chrétiens ont données à leurs temples*, par M. Le Roi, 1 vol. in-8. Paris, 1764.
183. *Les beaux arts réduits à un même principe*, par M. l'abbé Batteux, 1 vol. in-12. Paris, 1746.
184. *Bibliothéque des artistes et des amateurs*, par Petiti, 3 vol. in-4. Paris, 1766.
185. *Réflexions critiques sur la peinture*, par le marquis d'Argens, 1 vol. in-12. Paris, 1752.
186. *Traité du beau essentiel dans les arts*, par Brizeux, 1 vol in-4. Paris, 1752.
187. *La manière de graver à l'eau-forte et au burin*, par Abraham Bosse, 1 vol. in-8. Paris, 1745.
188. *Les proportions du corps humain*, par Gerard Audran, 1 vol. in-fol. Paris, 1785.

189. *L'art de dessiner*, par Jean Cousin, 1 vol. in-fol.
190. *Livre de figures de Salvator Rosa*, 1 vol in-4. Paris.
191. *Iconologie de César Ripa*, 1 vol in-4. Rome, 1603.
192. *L'hypénérotomachie*, ou *discours du songe de Poliphile*. Paris, 1561.

GYMNASTIQUE.

193. *Les exercices du corps chez les anciens*, par Sabatier, 2 vol. in-8. Paris, 1772.
194. *Traité de l'équitation*, par M. Dupaty, 1 vol. in-12. Paris, 1771.
195. *Traité de la natation*, par Thevenot, 1 vol. in-12. Paris, 1782.
196. *Traité de la construction théorique et pratique, du Scaphandre*, par M. de La Chapelle, 1 vol. in-12. Paris.

ANTIQUITÉS.

197. Justii Lipsii, *de amphitheatro saturnalium libri duo*, etc. 1 vol. in-4. Anvers. 1585.
198. *L'Antiquité expliqué* par Bernard de Monfaucon, 10 vol. in-fol.; et le supplément 5, ensemble 15 vol. Paris, 1717 et 1724.
199. *Choix de costumes civils et militaires*, par Willemain, 1 vol. in-fol. Paris, 1798.

MATHÉMATIQUES.

200. *Euclidis elementorum Libri XV*, grecè-latinè, 1 vol. in-8. Paris, 1557.
201. *Les élémens d'Euclide*, traduits par le père d'Échalle, 1 vol in-8. Paris, 1683.
202. *Leçons élémentaires de mathématiques*, de Lacaille, 1 vol. in-8. Paris, 1759.
203. *Leçons élémentaires d'optique*, par Lacaille, 1 vol. in-8. Paris, 1766.
204. *Élémens d'arithmétique, d'algèbre et de géométrie*, par Mazéas, 1 vol. in-8. Paris, 1777.

205. *Traité de la sphère*, par Rivard, 1 vol. in-8, 4e. édition. Paris, 1768.
206. *Tables des sinus, tangentes et sécantes*, par Rivard, 1 vol. in-8. Paris, 1743.
207. *Mesures des surfaces et des solides*, par Deidier, 1 vol. in-4. Paris, 1740.
208. *Elémens de mathématiques*, par Lami, 1 vol in-8. Amsterdam, 1733.
209. *Les Élémens de géométrie, ou la mesure de l'étendue*, par le père Lami. Paris, 1710.
210. *Le rapporteur exact, ou table des cordes de chaque angle*, par Beaudusson, 1 vol. in-16. Paris, 1767.
211. *Traité élémentaire d'algèbre*, par Bossut, 1 vol. in-8. Paris, 1776.
212. *Traité élémentaire de mécanique*, par le même, 1 vol. in-8. Paris, 1775.
213. *La géométrie des lignes et des surfaces rectilignes et circulaires*, par de Crousat, 1 vol. in-8. Amsterdam, 1718.
214. *Application de l'algèbre à la géométrie*, par Guisnée, 1 vol. in-4. Paris, 1733.
215. *Leçons de géométrie théorique et pratique*, par Mauduit, 1 vol. in-8. Paris, 1773.
216. *Élemens de géométrie*, par Clairaut, 1 vol. in-8. Paris, 1753.
217. *Traité des fonctions analytiques*, de Lagrange, 1 vol. in-4.
218. *Géométrie métaphysique*, par l'abbé Fauchet, 1 vol. in-8. Paris, 1758.
219. *Traité des sections coniques*, par M. Lachapelle, 1 vol. in-8. Paris, 1750.
220. *Traité analytique des sections coniques*, par Lhôpital, 1 vol. in-4. Paris, 1720.
221. *Élémens des sections coniques*, démontrés par synthèse, par MM. de la Hire et Mauduit, 1 vol. in-8. Paris, 1757.
222. *Usage de l'analyse de Descartes*, pour découvrir sans le sécours du calcul différentiel les propriétés ou affections des lignes géométriques de tous les ordres,

par l'abbé de Gua de Malves, 1 vol. in-12. Paris, 1740.

223. *Saggi di statica e mecanica da Lorgna* di Verona, 1 vol. in-4. 1782.

224. *Principes du mouvement et de l'équilibre*, par M. Trabaud, 1 vol. in-8. Paris, 1743.

225. *Cours de mathématiques* à l'usage de l'artillerie et du génie, par Bélidor, 1 vol. in-4. Paris, 1757.

226. *De la Poussée des terres*, par Magniel, 1 vol. in-4.

227. *Métrologie* de Paucton, 1 vol. in-4. Paris, 1780.

228. *Théorie des lois de la nature*, ou Science des causes et des effets, par Paucton, vol. in-8. Paris, 1781.

229. *Traité analytique de la résistance des solides*, par Girard, 1 vol. in-4. Paris, 1798.

230. *Plusieurs Mémoires sur différens sujets*, par le même, 1 vol. in-4. Paris, 1800.

231. *La Gnomonique pratique*, ou l'Art de faire les cadrans solaires, par dom Bedos, 2e. édition, 1 vol. in-8. Paris, 1776.

232. *Géométrie descriptive*, par Monge, 1 vol. in-4. Paris, 1799.

233. *Métrologie constitutionnelle*, 1 vol. in-8.

234. *Traité du nivellement*, par Picard, 1 vol. in-12, Paris, 1780.

235. *Traité du compas de proportion*, par Ozanam, 1 vol. in-12. Paris, 1769.

236. *Opuscules de Monge*, 1 vol. in-4. Paris, 1769.

237. *Le Régulateur universel des poids et mesures*, par C.-F. Martin, 1 vol. in-8. Paris, 1809.

238. *Mémoires de l'Institut*, 5 vol. in-4.

239. *Journal de l'École Polytechnique.*

240. *Élémens de musique théorique et pratique*, suivant Rameau, développés par d'Alembert, 1 vol. Lyon, 1779.

HYDRAULIQUE.

241. Sexti Julii Frontini *de Aquæductibus Urbis Romæ*, édition de Poléni, 1 vol. in-4. Padoue, 1722.

242. *Les Commentaires de Frontin* sur les aquéducs

de Rome, traduction française par J. Rondelet, 1 vol. in-4. Paris, 1820.

243. Raph. Fabretti Gasparis F. Urbinatis *de Aquis et aquæductibus veteris Romæ*, *dissertationes tres*, 1 vol. in-4. Romæ, 1680.

244. *Commentario* di stesso Giulio Frontino, *degli acquedotti della città di Roma*, *con note e figure illustrato*, di Baldasare Orsini, 1 vol. in-8. Perugia, 1805.

245. *Mecanica fluidorum*, par Cunetti, 1 vol. in-4.

246. *Trattato delle acque correnti* del cavaliere Dominico Fontana, 1 vol. in-fol. Rome, 1696.

247. *Traité élémentaire d'hydrodynamique*, par l'abbé Bossut, 2 vol. in-8. Paris, 1771.

248. *Nouveaux principes d'hydraulique*, par M. Bernard, 1 vol. in-4. Paris, 1787.

249. *Principes d'hydraulique*, vérifiés par des expériences, par M. Dubuat, 2 vol. in-8. Paris, 1786.

250. *Architecture hydraulique de Bélidor*, ou l'art de conduire l'eau, d'élever et de ménager les eaux, 2 vol. in-4. Paris, 1737.

251. *Architecture hydraulique*, 2ᵉ. partie, qui comprend l'art de diriger les eaux de la mer, et des rivières, 2 vol. in-4. Paris, 1750.

252. *Expériences sur la résistance des fluides*, par par MM. d'Alembert, Condorcet et Bossut, 3 vol. in-8. Paris, 1777.

253. *Traité des Rivières et des Torrens*, par le père Frizi, 1 vol. in-4. Paris, 1774.

254. *Essai sur la théorie des torrens et des rivières*, par Fabre, 1 vol. in-4. Paris, 1797.

MARINE.

255. *Histoire générale de la marine*, 3 vol. in-4. Paris, 1744.

256. *Recueil historique et chronologique* de faits mémorables pour servir à l'histoire de la marine, 2 vol. in-12. Paris, 1781.

257. *Dictionnaire historique*, *théorique et pratique de la*

marine, par M. de Savérian, 1 vol. in-8., 2e. édition. Paris, 1781.

258. *Architecture navale*, par M. Duhamel, 1 vol. in-4.

259. *Élémens de l'architecture navale*, ou Traité pratique de la construction des vaisseaux, par Duhamel de Monceau, 1 vol. in-4. Paris, 1758.

260. *La Théorie de la manœuvre des vaisseaux*, par Pitot, 1 vol. in-4. Paris, 1731.

261. Joannis Scheffer *de Militiâ navali veterum.*

262. *Mémoires divers sur la navigation*, 1 vol. in-4.

263. *Théorie complète de la construction et de la manœuvre des vaisseaux*, par Léonard Euler, 1 vol. in-8. Paris, 1776.

264. *Les Navires anciens*, par David Leroy, 2 vol. in-8. Paris, 1783.

ART MILITAIRE.

265. *La Milice des Grecs*, ou Tactique d'Élien, avec un discours sur la phalange lacédémonienne, 2 vol. in-12. Paris, 1757.

266. *Les Ruses de guerre de Polien*, et *Stratagème de Frontin*, 3 vol. Paris, 1770.

267. *Végèce*, traduction de Bongar, 1 vol. in-12. Paris, 1772.

268. Justi Lipsii *de Militiâ Romanâ*, 1 v. in-4. Antverpiæ, 1598.

269. *L'Architecture militaire*, de Cormontagne, 1 vol. in-4. La Haye, 1741.

270. *Histoire de la milice française*, par le père Daniel, 2 vol. in-4. Paris, 1721.

271. *Traité de la défense des places*, par Leblond, 1 vol. in-8, 2e. édition. 1783.

272. *Traité de l'attaque des places*, par Leblond, 1 vol. in-8, 3e. édition. Paris, 1780.

273. *Élémens de fortifications*, par Leblond, 1 vol. in-12. Paris, 1782.

274. *Élémens de fortifications*, par Belair, 1 vol. in-8. Paris, 1792.

275. *Traité de tactique*, pour servir de supplément au

cours de tactique théorique, par Joli de Maizeroi, 2 vol. in-8. Paris, 1767.

276. *Études militaires*, pour servir d'introduction à l'instruction méthodique de l'art de la guerre, par G. baron de Traret, 1 volume in-12. Basle, 1755.

277. *Principes fondamentaux de la construction des places*, par Flavigny, 1 vol. in-8. Paris, 1775.

278. *Défense du système de guerre moderne*, ou Réfutation de Menil-Durand, par l'auteur de l'Essai général de tactique, 2 vol. in-8. Paris, 1779.

279. *Siéges et Campagne du maréchal de Saxe* dans les Pays-Bas, 1 vol. in-12. Amsterdam, 1751.

280. *Remarques sur un nouveau système de fortifications*, proposé par le maréchal de Saxe. La Haye, 1757.

281. *Les Rêveries du maréchal de Saxe*, par M. Bonneville, 2 vol. in-12. La Haye, 1756.

282. *Institutions militaires de l'empereur Léon* sur le feu Grégeois, par Joly de Maizeroi, 2 vol. in-8. Paris, 1778.

283. *Nouveau système de fortifications*, par M. le baron Cohorn, 1 vol. in-8. Wesel, 1706.

284. *Supplément au tome V de la fortification perpendiculaire*, par le baron de Montalembert, 1 vol. in-8. Paris. 1786.

285. *Élémens de tactique démontrés géométriquement*, traduits de l'allemand par le baron Holzendorf, 1 vol. in-8. Paris, 1777.

286. *Traité sur l'art des siéges et des machines des anciens*, par Joly de Maizeroi, 1 vol. in-8. Paris, 1778.

287. *Instruction pour les officiers d'infanterie*, par Gaudy, 1 vol. in-8, Paris, 1792.

288. *Cours de tactique théorique, pratique et historique*, par Joly de Maizeroi, 2 vol. in-8. Nancy et Paris 1766.

289. *L'Esprit du chevalier Folard*, tiré de ses Commentaires sur l'histoire de Polybe, 1 vol. in-8. Leipsic, 1761.

290. *Mémoires militaires* sur l'attaque et la défense des places des anciens, traduction d'Onosander, 2 vol. in-8. Lyon, 1770.

291. *La Science des ingénieurs* dans la conduite des fortifications, par Bélidor. Paris, 1729.

292. *Théâtre des dernières guerres d'Allemagne*, 1 vol. in-12.
293. *Recueil des fortifications, forts et ports de mer de France*, par Lerouge, 1 vol. in-8.
294. L'*Architecture des forteresses*, par C.-F. Mandar, 1 vol. in-8. Paris, 1801.

ARTILLERIE.

295. *Manuel de l'artilleur*, par le chevalier d'Urtubie, 3e. édition, 1 vol. in-8. Paris, 1792.
296. *Nouveaux Principes d'artillerie* de Benjamin Robin, commentés par Euler, 1 vol. in-8. Dijon, 1783.
297. *L'Ingénieur de campagne*, par le chevalier de Clairac, 1 vol. in-4. Paris, 1757.
298. *Le Bombardier français*, par Bélidor, 1 vol. in-4. Paris, 1731.
299. *Artillerie raisonnée*, par Leblond. Paris, 1776.

PHYSIQUE ET CHIMIE.

300. *Cours de physique expérimentale*, de Mussembrok, traduction de Lafond, 3 vol. in-4. Paris, 1769.
301. *Leçons de physique expérimentale*, par l'abbé Nollet, 6 vol. in-12. Paris, 1793.
302. *L'Art des Expériences*, par l'abbé Nollet, 3 vol. in-12. Paris, 1793.
303. *Essais sur les propriétés, effets et utilité de l'air, du feu et de la terre*, par Henri Pott, 2 vol. in-8. Paris, 1782.
304. *Traité d'Optique*, sur les réflexions, réfractions et inflexions, par Newton, traduit par Coste, 2 vol. in-12. Amsterdam, 1720.
305. *Spectacle du feu élémentaire*, par Rabiqueau, 1 vol. in-8. Paris, 1753.
306. *Physique occulte*, ou Traité de la baguette divinatoire, par l'abbé de Valmont, 1 vol. in-12. La Haye, 1722.
307. *Recherches physiques sur le feu*, par Márat, 1 vol. in-8. Paris, 1780.

308. *Mémoire académique*, ou Nouvelles découvertes sur la lumière, par Marat, 1 vol. in-8. Paris, 1780.

309. *Description des expériences de la machine aérostatique de Mongolfier*, par Faujas de Saint-Foud, 2 vol. in-8. Paris, 1783 et 1784.

310. *Lois du magnétisme*, par M. Lemonnier, 1 vol. in-8. Paris, 1776.

811. *Recueil d'Opuscules*, contenant l'aréostat, les moyens de rendre propres les rues de Paris, etc., par le baron de Scott. Paris, 1789.

312. *Dictionnaire de chimie*, contenant la théorie et la pratique, par Maquer, 4 vol. in-8. Paris, 1778.

313. *Chimie expérimentale et raisonnée*, par M. Beaumé, 3 vol. in-8. Paris, 1773.

314. *Lithogéognésie*, ou Examen chimique des terres et des pierres en général, par M. Pott, 2 vol. in-12. Paris, 1753.

315. *Histoire de la philosophie hermétique*, 3 vol. in-12. Paris, 1742.

316. *Philosophie chimique*, ou Vérités fondamentales de la chimie moderne, par Fourcroy. Paris, 1794.

HISTOIRE NATURELLE.

317. *Ocellus Lucanus : de la Nature de l'univers*, texte grec, avec la traduction de Batteux. Paris, 1768.

318. *Histoire des Causes premières*, par l'abbé Batteux, 1 vol. in-8. Paris, 1769.

319. Theophrasti Eresii, *græcè-latinè*, *Opera omnia. Daniel Heinsius*. 1 vol. Lugduni-Batavorum, 1613.

320. Claudii Æliani *variæ Historiæ : Tranquillus Faber emendavit*, grec et latin, 1 vol. 12. Salmurii, 1668.

321. *Contemplations de la nature*, par Bonnet, 1 vol. in-8. Amsterdam, 1764.

322. *Histoire naturelle de Pline*, traduction de Poinsinet de Sivry, 12 vol. in-4. Paris, 1771 et 1782.

323. *Histoire naturelle générale*, par M. de Buffon, comprenant l'histoire générale, l'histoire naturelle des oiseaux, des animaux et des minéraux, 59 vol. in-12. Paris, 1770 à 1785.

324. *Le Spectacle de la nature*, par Pluche, 7 vol. in-12. Paris, 1746.

325. *Dictionnaire universel d'histoire naturelle*, par Valmont de Bomare, 9 vol. in-8. Paris, 1775.

326. *La Minéralogie*, de Valmont de Bomare, 2 vol. in-8. Paris, 1774.

327. *Essai de Cristallographie*, par M. Romé de Lille, 1 vol. in-8. Paris, 1772.

328. *Dictionnaire universel des Fossiles*, propres et accidentels, par Bertrand, 1 vol. in-8. Avignon, 1763.

329. *Telliamed*, ou Entretiens d'un philosophe indien, par M. de Maillet, 2 vol. in-12. La Haye, 1755.

330. *Histoire des Poissons*, par Guillaume Rondelet, 1 vol. in-4. Lyon, 1568.

331. *Guillielmi Rondeletii: de Piscibus marinis, fluviatilibus*, 2 vol. in-fol. Lugduni, 1554.

332. *Nouvelles Observations microscopiques*, par Néedham, 1 vol. in-12. Paris, 1750.

333. *Icones Plantarum, seu stirpium arborum*, etc. 1 vol. in-4. 1590.

334. *La Physique des Arbres*, par M. Duhamel de Monceau, 2 vol. in-4.

335. *Marmora et adfines aliquot lapides coloribus suis exprimi*, Adamus Ludovicus Wirsing, 1 vol. in-fol. Nuremberg, 1775.

336. *Dictionnaire des Herborisans*, 2 vol. in-8. Paris, 1772.

337. *Curiosités de la nature et de l'art sur la végétation*, par l'abbé de Valmont, 2 vol. in-8. Paris, 1753.

338. *Mélanges intéressans et curieux*, ou Abrégé d'histoire naturelle, morale, civile et politique de l'Asie, de l'Afrique et de l'Amérique, 10 vol. in-12. Paris, 1763.

339. *Causes du Débordement du Nil*, par Lachambre, 1 vol. in-4. Paris, 1665.

340. *Voyage à la nitrière naturelle de la Molfetta*, dans la Pouille, par Zimmermann. Paris, 1787.

341. *Hipoocratis Aphorismi græcè-latinè*, 1 vol. in-16. Paris, 1759.

342. *Les Aphorismes d'Hipocrate*, traduits en français, 2 vol. in-12. Paris, 1685.

343. *L'École de Salerne*, ou l'Art de conserver la santé, par M. Levacher de la Feutrie, 1 vol. in-12. Paris, 1782.

344. *Dictionnaire universel de médecine et de chirurgie*, par une société de médecins, 6 vol. in-8. Paris, 1772.

345. *Le Guide des accoucheurs*, par Jacques Ménard, chirurgien, 1 vol. in-8. 1753.

346. *Tableau de l'Amour conjugal*, 2 vol. in-12. Londres, 1752.

347. Guillielmi Rondeletii, doctoris medici, et medicinæ in scholà Monspeliensi professoris regii et cancellarii, *Methodus emendandorum omnium Morborum corporis humani*, in tres libros distincta, 2 vol. in-8. Paris.

348. *Recherches et Observations de toutes les parties de l'art du dentiste*, par Bourdes, 2 v. in-12. Paris, 1757.

GÉOGRAPHIE.

349. *Strabo, de Situ Orbis*, etc., 2 vol. in-16. Lugduni, 1559.

350. *Geographia Ptolomæi Alexandrini*, 1 vol. in-8. Venise, 1562.

351. *Pomponii Melæ, de Situ Orbis* Libri tres, 1 vol. in-4. Londres, 1719.

352. *La Géographie ancienne, moderne et historique*, par Audifret, 3 vol. in-4. Paris, 1694.

353. *La Géographie des Grecs* analysée par Gosselin, 1 vol. in-4. Paris, 1790.

354. *Géographie de Virgile*, par M. Helier, 1 vol. in-12. Paris, 1771.

355. *Géographie ancienne*, abrégée par M. d'Anville, 3 vol. in-12. Paris, 1768.

356. *Atlas de d'Anville*, 1 vol. in-folio. Paris, 1761 à 1771.

357. *Analyse géographique de l'Italie*, par d'Anville, 1 vol. in-4. Paris, 1744.

358. *Institutions géographiques*, par Robert de Vaugondy, 1 vol. in-8. Paris, 1766.

359. *Atlas de Robert de Vaugondy*, 1 vol. in-fol. Paris, 1762.

360. *Nouvel Atlas portatif*, par Robert de Vaugondy, 1 vol. in-4. Paris, 1762.

261. *Dictionnaire de la Martinière*, 6 v. in-fol. Paris, 1768.

362. *Dictionnaire géographique* de Laurent Échard, traduit de l'anglais, par Vosgien, 1 vol. in-8, 13e. édit. Paris, 1779.

363. *Mercure géographique*, ou le Guide des curieux de cartes géographiques, par le père Eulin, 1 vol. in-12. Paris, 1678.

364. *Dictionnaire géographique et méthodique* de la république Française, par Prudhome, 2 vol. in-8. Paris, 1799.

365. *Cartes géographiques de la Belgique*, en 69 feuilles, dressées d'après celle de Ferraris, augmentées et publiées par Capitaine et Chaulaire. Paris, an IV.

366. *Atlas de cartes géographiques* pour le voyage de M. Pagès.

367. *Topographie française*, par Chastillon, 1 vol. in-fol. Paris, 1655.

368. *Description géographique et historique de la Morée*, par le père Coronnelli. Paris, 1687.

369. *Plan de la ville de Paris*, par Beaurain, 1 vol. in-4. Paris, 1763.

370. *Cartes de France de Casssini*, complètes, collées sur toile et dans leur boîte, au nombre de 9, représentant chacune cinq volumes reliés.

VOYAGES.

371. *Voyage de Pausanias en Grèce*, grec et latin, par Guillaume Xilander et la version de Romulus Amasœus. 1613.

372. *Traduction du Voyage de Pausanias en Grèce*, par l'abbé Gedoin, 2 vol. in-4. Paris, 1731.

373. *Histoire générale des voyages*, par Prevost, 20 vol. in-4. Paris, 1746 à 1761.

374. *Collection de tous les voyages faits autour du monde*, par Béranger, 9 vol. in-8. Paris, 1788 et 1789.

375. *Histoire d'un voyage aux îles Malouines*, par Pernetti, 2 vol. in-8. Paris, 1770.

376. *Relation des îles Pelew*, 2 vol. in-8. Paris, 1793.

377. *Histoire des nouvelles découvertes faites dans la mer du Sud*, rédigées d'après les relations de M. de Freville, 2 vol. in-8. Paris, 1774.

378. *Voyages et découvertes faites par les Russes* le long des côtes de la mer glaciale, par Dumas, 2 vol. in-12. Amsterdam, 1766.

379. *Voyage de Paul Lucas*, fait, en 1714, par ordre de Louis XIV, 3 vol. in-12. Rouen, 1724.

380. *Voyage au Levant, dans les îles de Chio, Rhodes*, etc., par Corneille le Brun, 1 vol. in-fol. Paris. 1714.

381. *Voyage de Corneille le Brun*, par la Moscovie, en Perse et aux Indes orientales, 2 volumes in-fol. Amsterdam, 1718.

382. *Voyage de Dalmatie, de Grèce et Levant*, par Georges Weler, 2 vol. in-12. Anvers, 1689.

383. *Voyages d'Italie, Dalmatie, Grèce et Levant*, par Jacob Spon et Georges Weler, 2 vol. in-12. La Haye, 1724.

384. *Andræ Schotti itinerarium Italiæ*, 1 vol. in-12, Amsterdam, 1655.

385. *Voyage en Italie*, par M. Delalande, 9 vol. in-12, et un atlas. Paris, 1786.

386. *Lettres sur la Sicile et l'île de Malte*, par le comte de Borch, 2 vol. in-8. Turin, 1782.

387. *Voyage en Sicile et à Malte*, de Brydone, traduit de l'anglais par Desmeunier, 2 vol. in-8. Amsterdam-Paris. 1775.

388. *Voyage de Sicile et de la Grande-Grèce*, par le baron de Riedesel, 1 vol. in-12. Lausane, 1773.

389. *Voyage littéraire de la Grèce*, par M. Guys, 2 vol. in-12. Paris, 1771.

390. *Voyage en Turquie et en Perse*, par M. Otter, 2 vol. in-12. Paris, 1748.

391. *Mémoires du baron de Tott*, sur les Turcs et les Tartares, 2 vol. in-12.

392. *The travels of Pockoke*, traduit de l'anglais, 7 vol. in-12. Paris, 1772.

393. *A Description of the East and some others countries*, by Pockoke, 2 vol. in-fol. Londres, 1743.

394. *Description de l'Arabie*, par Nieburh, 1 vol. in-4. Amsterdam, 1774.

395. *Histoire philosophique et politique des établissemens et du commerce des Européens dans les deux Indes*, 7 vol. in-8. La Haye, 1774.

396. *Voyage d'Égypte et de Nubie*, par Norden, 1 vol. in-4. Paris, 1794.

397. *Les Délices de l'Espagne et du Portugal*, par don Juan Alvarez, 6 vol. in-12. Leyde, 1715.

398. *Les Délices de l'Italie*, 4 vol. in-12. Amsterdam. 1743.

399. *Description historique de l'Italie*, en forme de dictionnaire, 2 vol. in-8. La Haye, 1776.

400. *Description des beautés de Gênes et de ses environs*, 1 vol. in-8. Gênes, 1784.

401. *Les Délices de la Grande-Bretagne et de l'Irlande*, par Jame Beewerell. Leyde, 1709.

402. *Histoire générale des Pays-Bas*, contenant la description des dix-sept provinces, 4 vol. in-12. Bruxelles, 1743.

403. *Description historique de la ville de Paris et de ses environs*, par Piganiol de la Force, 10 vol. in-12. Paris, 1765.

404. *Nouvelle description des curiosités de Paris*, par M. Dulaure, 2 vol. in-12. La Haye, 1791.

405. *Les Antiquités de la ville de Lyon*, par le père Colonia, 1 vol. in-12. Lyon-Paris, 1702.

CHRONOLOGIE.

406. *Tablettes chronologiques de l'histoire universelle*, par Lenglet Dufrenoy, 2 vol. in-8. Paris, 1763.

407. *Chronologie des Égyptiens*, par Doriguy, 2 vol. in-12. Paris, 1765.

408. Josephi Justini Scaligierii, *Isagogicorum Chronologiæ Canonum*, 1 vol. in-fol.

409. *L'Antiquité des temps rétablie et défendue contre les Juifs*, 1 vol. in-4. Paris, 1687.
410. *Défense de l'antiquité des temps*, par Paul Pezron, 1 vol. in-4. Paris, 1691.
411. *Le Chronologiste manuel*, 1 vol. in-16. Paris, 1790.
412. *Histoire des Juifs, de Josèphe*, sa réponse à Appion, par Arnaud d'Andilly, 5 vol. in-12. Paris, 1736.
413. *Traduction de l'historien Josèphe*, par Gilet, 4 vol. in-4. Paris, 1756.

HISTOIRE.

414. *Histoire universelle de Trogues Pompée*, abrégé par Justin, traduction de l'abbé Reynaud, 2 vol. in-12. Paris, 1698.
415. *Discours sur l'histoire universelle*, par Bossuet, 2 vol. in-12. Paris, 1741.
416. Suite de l'*Histoire universelle de Bossuet*, 1 vol. in-12. Paris, 1759.
417. *Histoire ancienne* de Rollin, 14 vol. in-12. Paris, 1772.
418. *Les impostures de l'histoire ancienne et profane*, 2 vol. in-12. Paris, 1770.
419. *Lettres sur l'histoire*, par le vicomte de Bolingbroke, 2 vol. in-12. Paris, 1752.
420. *Les Élémens de l'histoire*, par l'abbé de Valmont, 5 vol. in-12. Paris, 1758.
421. *L'Égypte ancienne*, ou Mémoires historiques et critiques, par M. Dorigny, 2 vol. in 12. Paris, 1762.
422. *L'Histoire d'Hérodote*, traduite par M. Duryer, 3 vol. in-12. Paris, 1713.
423. *L'Histoire d'Hérodote*, traduction de M. Larcher, 7 vol. in-8. Paris, 1786.
424. *L'Histoire universelle de Diodore de Sicile*, traduite par Terrasson, 7 vol. in-12. Paris, 1744.
425. *Athénée grec*, 1 vol. in-fol. Bâle, 1535.
426. *L'Histoire grecque*, traduite de Thucydide et Xénophon, par Perrot d'Ablancourt, 1 vol. in-fol. Paris, 1662.

427. *La Retraite des dix mille de Xénophon*, par Perrot, 1 vol. in-12. Paris, 1706.

428. *Commentaire sur la retraite des dix mille de Xénophon*, par Lecointre, 2 vol. in-12, 1766.

429. *Observations sur les Grecs*, par l'abbé Mably, 1 vol. in-12. Paris, 1749.

430. *Histoire du siècle d'Alexandre*, par Linguet, 1 vol. in-12. Amsterdam-Paris, 1769.

431. *Les Histoires de Polybe* avec les fragmens, par Duryer, 1 vol. in-fol. Paris, 1655.

432. Quinte-Curce : *de la Vie et des Actions d'Alexandre-le-Grand*, traduit par Duryer, 2 vol. in-12. Paris, 1709.

333. *Idem*, traduit par Mignot, 2 vol. in-8. Paris, 1781.

434. *Histoire d'Hérodien*, traduite du grec par l'abbé de Minault, 1 vol. in-12.

435. *Lettre sur l'Atlantide de Platon et sur l'ancienne histoire de l'Asie*, par Bailly, 1 vol. in-8.

436. *Voyage du jeune Anacharsis en Grèce*, par l'abbé Barthélemy, 7 vol. in-8, et un atlas. Paris, 1790.

437. *Titi - Livii Patavini historiæ ab urbe conditá*, 6 vol. in-12. Paris, 1785. (Édition de Barbou.)

438. *Histoire romaine de Tite-Live*, traduite par Guerin, 10 vol. in-12. Paris, 1771.

439. *Histoire romaine de Tacite*, en latin et en français, avec des notes sur le texte, par le père d'Otteville, 2 vol. in-12. Paris, 1772.

440. *Annales de Tacite*, en latin et en français, par le père d'Otteville, 4 vol. in-12. Paris, 1789.

441. *Traduction de Salluste*, avec le texte des notes critiques, par le père d'Otteville, 1 vol. in-12. Paris, 1782.

442. *Valerii Maximi dictorum factorumque memorabilium libri novem*, 1 vol. in-16. Cadomi, 1690.

443. *Valère Maxime*, traduit en français par le sieur de Claveret, 1 vol. in-8. 1647.

444. *Histoire romaine de Florus*, traduite par l'abbé Paul, 1 vol. in-12. Paris, 1774.

445. *Histoire romaine* de Xiphilin, Zonare et Zozime, traduite du grec par le président Cousin, 2 vol. in-12. Paris, 1686.

446. *De la Vie d'Agricola et des Mœurs des Germains*, par Tacite, traduction de l'abbé de la Bletterie, 1 vol. in-12, Paris, 1788.

447. *Histoire des deux Triumvirats*, depuis la mort de Catilina, jusqu'à Auguste, 3 vol. in-12. Amsterdam, 1715.

448. *Les Antiquités romaines* de Denis d'Halicarnasse, traduites du grec, par le Jay, 2 vol. in-4. Paris, 1722.

449. *Dion Cassius*, *Nicéron*, *Ælius Spartianus*, *Julius Capitolinus*, 1 vol. in-12. Paris, 1544.

450. Appian Alexandrin : *des Guerres des Romains*, 1 vol. in-fol. Paris, 1659.

451. *Les Commentaires de César*, en latin et en français, traduction de Perrault d'Ablancourt, 2 vol. in-12. Lyon, 1739.

452. *Histoire des douze Césars* de Suétone, traduite par Ophelot de la Pause, 4 vol. in-8. Paris, 1771.

453. *Histoire d'Hérodien*, traduite du grec avec des remarques, par l'abbé de Mingault, nouvelle édition. Paris, 1784.

454. *Histoire des Révolutions romaines*, par l'abbé Vertot, 3 vol. in-12. Paris, 1767.

455. *Histoire des empereurs et autres princes* qui ont régné dans les six premiers siècles de l'église, par Le Nain de Tillemont, 13 vol. in-12. Bruxelles, 1707.

456. *Vies des empereurs Tite Antonin et Marc Aurèle*, par Gauthier de Sibert, 1 vol. in-12. Paris, 1769.

457. *Le Panégyrique de Trajan*, par Pline le jeune, traduit par de Sacy, 1 vol. in-12. Paris, 1772.

458. *Vie de l'empereur Julien*, par l'abbé de la Bletterie, 1 vol. in-12. Paris, 1775.

459. *Histoire de l'empereur Jovien*, par l'abbé de la Bletterie, 1 vol. in-12. Paris, 1776.

460. *Les Impératrices romaines*, ou Histoire de la vie et des intrigues des femmes des douze Césars, par M. de Servières, 3 vol. in-12. Paris, 1744.

461. *Observations sur les Romains*, par l'abbé Mably, 1 vol. in-12. Genève, 1767.

462. *Les Mœurs et usages des Romains*, 2 vol. in-12. Paris, 1744.

463. *Dictionnaire des Antiquités romaines*, abrégé de celui de Pitiscus, 3 vol. in-8. Paris, 1766.

464. *Abrégé de l'Histoire grecque et romaine*, par l'abbé Paul, 1 vol. in-12. Paris, 1785.

465. *Histoire de Constantinople*, depuis le règne de l'ancien Justin, jusqu'à la fin de l'empire, par M. Cousin, 7 vol. in-12. Paris, 1685.

466. *Histoire des Révolutions de l'empire de Constantinople*, par M. de Burigny, 3 vol. in-12. Paris, 1750.

467. *Histoire de l'Empire ottoman*, par Démétrius Cantimir, traduite par de Jonquières, 4 vol. in-12. Paris, 1743.

468. *Histoire de l'Empire ottoman*, par Mignot, 4 vol. in-12. Paris, 1771.

469. *Histoire de Photius*, patriarche de Constantinople, 1 vol. in-12. Paris, 1772.

470. *Histoire de l'Empire ottoman*, traduite de l'italien de Sagredo, par M. Laurent, 5 vol. in-12. Paris, 1724.

471. *Histoire de Saladin*, sultan d'Égypte et de Syrie, par M. Mani, 2 vol. in-12. Paris, 1758.

472. *Mémoire du baron de Tott*, sur la Turquie, 2 vol. in-12. Paris, 1785.

473. *Histoire des Révolutions de l'empire des Arabes*, par l'abbé de Marigny, 4 vol. in-12. Paris, 1752.

474. *Histoire des Arabes*, sous le gouvernement des califes, par l'abbé de Marigny, 4 vol. in-12. Paris, 1751.

475. *Histoire de Perse*, depuis le commencement de ce siècle, 3 vol. in-12. Paris, 1750.

476. *Histoire des Chevaliers hospitaliers de Saint-Jean de Jérusalem*, par l'abbé Vertot, 7 vol. in-12. Paris, 1761.

477. *Histoire générale de l'Asie, de l'Afrique et de l'Amérique*, par M. Roubeau, 15 vol. in-12. Paris, 1775.

478. *Bibliothéque orientale*, ou Dictionnaire universel, contenant tout ce qui fait connaître les peuples de l'Orient, par Dherbelot, 6 vol. in-8. Paris, 1781.

479. *Abrégé chronologique de l'histoire de France*, du président Hénault, 3 vol. in-8. Paris, 1775.

480. *Histoire de France avant Clovis*, par M. Loreau, 2 vol. in-12. Paris, 1789.

481. *Histoire des Celtes*, par Pelloutier, 8 vol. in-12. Paris, 1770.

482. *Histoire de France*, par Velly, 30 vol. in-12. Paris, 1786.

483. *Histoire de la Ligue*, par Anquetil, 3 vol. in-12. Paris, 1783.

484. *L'Esprit de la fronde*, par Anquetil, 5 vol. in-12. Paris, 1773.

485. *Histoire du roi Henri-le-Grand*, par Pérefixe, 1 vol. in-12. Paris, 1776.

486. *Histoire de Suger*, abbé de Saint-Denis, 3 vol. in-12. Paris, 1721.

487. *Observations sur l'histoire de France*, par l'abbé de Mably, 6 vol. in-12. Paris, 1788.

488. *Considérations sur l'esprit militaire des Gaulois*, par M. de Sigrai, 1 vol. in-12. Paris, 1774.

489. Satyre Ménippée : *De la Vertu du catholicon d'Espagne*, 3 vol. in-8. Ratisbonne, 1786.

490. *Mémoires de la Régence du duc d'Orléans*, pendant la minorité de Louis XV, 3 vol. in-12. La Haye, 1729.

491. *Histoire du Parlement de Paris*, 1 vol. in-8.

492. *Essais historiques sur Paris*, par M. de Sainte-Foix, 7 vol. in-12. Paris, 1776.

493. *Mémoire sur l'ancienne Chevalerie*, par M. de Lacurne de Sainte-Palaye, 2 vol. in-12. Paris, 1759.

494. *Mémoire sur la Bastille* et la détention de M. Linguet, 1 vol. in-8. Londres, 1783.

495. *Recherches pour servir à l'histoire de Lyon*, ou les Lyonnais dignes de mémoire, par Pernety, 2 vol. in-12. Lyon, 1757.

496. *Mémoires sur la Constitution politique de la ville et cité de Périgueux*, 1 vol. in-4. Paris, 1775.

497. *Nouvelle histoire de l'Afrique française*, par l'abbé de Manet, 2 vol. in-12. Paris, 1767.

498. *Mémoires de Brantôme*, contenant la vie des plus

illustres capitaines de son temps, 4 vol. in-12. Leyde, 1722.

499. *Mémoires de Brantôme*, contenant la vie des hommes illustres et grands capitaines étrangers de son temps, 2 vol. in-12. Leyde, 1722.

500. *Histoire de l'empire d'Allemagne et de ses révolutions*, 8 vol. in-12. Paris, 1771.

501. *Les Portraits des empereurs*, depuis Jules-César jusqu'à Léopold d'Autriche, 1 vol. in-fol. Rome, 1681.

502. *Histoire des Inaugurations*, des rois, empereurs et autres souverains, 1 vol. in-8. Paris, 1776.

503. *Histoire des Révolutions de l'empire de Russie*, par Lacombe, 1 vol. in-12. Paris, 1760.

504. *Histoire des Révolutions de Suède*, par l'abbé Vertot, 2 vol. in-12. Paris, 1778.

505. *Histoire générale de Pologne*, par le chevalier de Solignac, 5 vol. in-12. Paris, 1750.

506. *Histoire de Jean Sobieski*, roi de Pologne, par l'abbé Coyer, 2 vol. in-12. Paris, 1761.

507. *Histoire des Révolutions d'Angleterre*, par le père d'Orléans, 4 vol. in-12. Paris, 1787.

508. *Histoire des Révolutions d'Angleterre*, par Turpin, 2 vol. in-12. Paris, 1786.

509. *Histoire des Aventuriers et Flibustiers*, par Alexandre Olivier, 2 vol. in-12. Paris, 1699.

510. *Histoire des Pirates anglais*, de Charles Johnson, 1 vol. in-12. Paris, 1726.

511. *Histoire du Stathoudérat*, par l'abbé Raynie, 2 vol. in-12. Paris, 1750.

512. *Histoire des Révolutions d'Espagne*, par l'abbé de Vairac, 5 vol. in-12. Paris, 1724.

513. *Révolutions de Portugal*, par l'abbé Vertot, 1 vol. in-12. Paris, 1786.

514. *Histoire générale de l'Italie*, depuis la décadence de l'Empire romain jusqu'au temps présent, par M. Targe, 4 vol. in-12. Paris, 1774.

515. *Histoire des Guerres de l'Italie*, traduite de l'italien de François Guichardin, 3 vol. in-4. Londres, 1738.

516. *La Historia d'Italia*, di Francesco Guicciardini, 1 vol. in-4. Venise, 1583.
517. *Histoire de la république de Venise*, par Baptiste Mani, 2 vol. in-12. Cologne, 1682.
518. *Histoire du Gouvernement de Venise*, avec des notes historiques et politiques, par le sieur Amelot de la Houssaie, 3 vol. in-12, compris la suite de cette histoire. Lyon, 1768.
519. *Historia della città e regno di Napoli*, di Francesco Capellatro, 2 vol. in-8. Napoli, 1724.
520. *Anecdotes italiennes*, depuis la destruction des Romains jusqu'à nos jours, 1 vol. in-8. Paris, 1769.
521. *Les Italiens*, ou Mœurs et coutumes de l'Italie, traduit de l'anglais de Baretty, 1 vol. in-12. Genève-Paris, 1773.
522. *Observations sur l'Italie et sur les Italiens*, par M. Grosley, 4 vol. in-12. Paris, 1776.
523. *Obervations sur Londres*, par M. Grosley, 4 vol. in-12. Paris, 1788.
524. *Histoire de la Découverte et de la Conquête du Pérou*, traduite de l'espagnol par S. D. C., 2 vol. in-12. Paris, 1716.
525. *Histoire de la Conquête du Mexique*, ou Nouvelle-Espagne, par Fernand Cortez, 2 vol. in-12, 6e. édit. Paris, 1774.
526. *Histoire des Incas*, rois du Pérou, traduite de l'espagnol, 2 vol. in-12. Amsterdam, 1715.
527. *Hisoire du Paraguay*, par le père Charlevois, 3 vol. in-4. Paris, 1756.
528. *Essais historiques et politiques* sur la révolution de l'Amérique septentrionale, par Hilliard d'Aubreteuil, 2 vol. in-8. Paris, 1782.

BIOGRAPHIE.

529. *Les Hommes illustres de Plutarque*, traduction de Dacier, 12 vol. in-12. Paris, 1778.
530. *Vies des grands capitaines de l'antiquité*, de Cornélius Népos, traduction de l'abbé Paul, 1 vol. in-12. Paris, 1781,

531. Philostrate : *de la Vie d'Appollonius Thyanéen*, en huit livres, traduction de Blaise Vigener, 1 vol. in-4. Paris, 1611.

532. *Histoire abrégée de tous les hommes qui se sont fait un nom*, par le génie, les talens, les vertus, avec le supplément, 13 vol. in-8. Paris-Lyon. Caën-Lyon, 1786-1805.

533. *Histoire de la vie de Mahomet*, législateur de l'Arabie, par M. Turpin, 3 vol in-12. Paris, 1779.

534. *La Vie de Mahomet*, tirée de l'Alcoran, par Gagnier, 3 vol. in-12. Amsterdam, 1748.

535. *La Vie d'Élisabeth*, reine d'Angleterre, par Grégoire Leti, 2 vol. in-12. Amsterdam, 1746.

536. *Histoire de la papesse Jeanne*, tirée de la dissertation latine de M. Spanhem, 2 vol. in-12. La Haye, 1758.

537. *La Vie du pape Sixte-Quint*, de Gregorio Leti, 2 vol. in-12. Paris, 1714.

538. *Vie de Louis Barbe Breton de Crillon*, surnommé le Brave, 2 vol. in-12. Paris, 1757.

539 *La Vie du comte de Turenne*, par M. Dubuisson, 1 vol. in-12. La Haye, 1688.

540. *La Vie de Descartes*, 1 vol. in-12. Paris, 1692.

541. *La Vie de Michel Lhôpital*, 1 vol. in-12. Londres-Paris, 1764.

542. *La Vie de Bayle*, par M. Demaizeaux, 2 vol. in-12. La Haye, 1732.

543. *Histoire de la vie et des actions de Louis de Bourbon*, prince de Condé, 1 vol. in-12. Cologne, 1694.

544. *Histoire de Maurice*, comte de Saxe, par le baron d'Espagnac, 2 vol. in-12. Paris, 1773.

545. *La Vie d'Abailard*, 2 vol. in-12. Paris, 1720.

546. *Lettres d'Abaïlard et d'Héloïse*, latin et français par Bastien, 2 vol. in-12. Paris, 1782.

547. *Le Vite de' Pittori*, di Giorgio Vasari, 3 vol. in-4. Bologne, 1647.

548. *Le Vitte di Pittori, scultori ed architetti moderni*, scritte da Pietro Bellori, 1 vol. in-4. Rome, 1672.

549. *Entretiens sur les vies et les ouvrages des plus excel-*

lens peintres, anciens et modernes, par Felibien, 2 vol. in-4. Paris, 1666 à 1672.

550. *Abrégé de la Vie des plus fameux peintres*, par Debure, 4 vol. in-8. Paris, 1762.

551. *Vies des Architectes*, anciens et modernes, traduites de l'italien de Milizia, par Pingeron, 2 vol. in-12. Paris, 1771.

LANGUES. — GRAMMAIRES ET DICTIONNAIRES.

552. *Traité de la Formation mécanique des langues*, et Principes physiques de l'étymologie, par le président Desbrosses, 2 vol. in-12. Paris, 1765.

553. *Les Élémens primitifs des langues*, par M. Bergier, 1 vol. in-12. Paris, 1764.

554. *Grammaire générale et raisonnée*, par M. Duclos, avec des réflexions, par l'abbé Froment, 3e. édition, Paris, 1769.

555. *Grammaire hébraïque*, par l'Avocat.

556. *Comenii Janua linguarum reserata cum græcâ versione*, Theodori Simonii Holsati, 1 vol. in-8. Amst., Elzevir. 1643.

557. *Principes de la langue latine*, par M. de Wailly, 1 vol. in-12, 10e édition. Paris, 1777.

558. *Racines de la langue latine*, présentées à la jeunesse par Desuerre du Plan, 1 vol. in-12. Paris, 1789.

559. *Nouvelle Méthode pour apprendre la langue latine*, par Port-Royal, 1 vol. in-8. Paris, 1709.

560. *Ambrosii Calepini : Dictionarium undecim linguarum.* Bâle, 1605.

561. *Magnum Dictionarium latino-gallicum*, Petri Danetii, 1 vol. in-4. Lyon, 1726.

562. *Gradus ad Parnassum*, 1 vol. in-8. Rouen, 1784.

563. *Dictionarium universale latino-gallicum*, 1 vol. in-8. Paris, 1786.

564. *Cornelii Schrevelii Lexicon Manuale græcolatinum*, 1 vol. in-8. Paris, 1767.

565. *Épitome Thesauri linguæ sanctæ*, auctore Sancto-Pagnino. Lucensi, 1590.

566. *Synonymes latins*, et leurs différentes significations, par Gardin Duménil, 1 vol. in-8. Paris, 1771.

567. *Nouvelle méthode pour apprendre la langue grecque*, 1 vol. in-8. Paris, 1655.

568. *Le Jardin des racines grecques*, par l'abbé de Lestrée, 1 vol. in-12. Paris, 1687.

569. *Francisci Sanctii Minerva*, etc. *Franeckerræ*, 1687.

570. *Méthode pour apprendre l'orthographe et la langue française*, par Jaquier, 1 vol. in-8. Paris, 1733.

571. *Remarques sur la langue française*, par M. de Vaugelas, Paris, 1672.

572. *Dictionnaire néologique*, par l'abbé Desfontaines, 1 vol. in-12. Amsterdam, 1748.

573. *Le Faux Aristarque reconnu*, ou Lettres critiques sur la néologie, 1 vol. in-12. Amsterdam, 1733.

574. *Dictionnaire de l'Académie française* 2 vol. in-4. Nîmes, 1789.

575. *Nouveau Vocabulaire Français*, de Wailly, 1 vol. in-8. Paris, 1803.

576. *Dictionnaire d'Élocution française*, par Demandre, 2 vol. in-8.

577. *Logique et Grammaire*, de Dumarsais, 2 vol. in-12. Paris, 1769.

578. *Les Tropes*, ou différens sens dans lesquels on peut prendre un même mot, par Dumarsais, 1 vol. in-12. Paris, 1775.

579. *Dictionnaire des Synonymes français*, par Delivoi, 1 vol. in-8. Paris, 1788.

580. *Synonymes français*, par l'abbé Girard et Beauzé, ou la prosodie française, et des essais de grammaire, par l'abbé Jolivet, 2 vol. in-12. Liége, 1775.

581. *Les Épithètes françaises*, rangées sous leurs substantifs, par le père Daire, 1 vol. in-8. Lyon, 1759.

582. *Dictionnaire des Rimes*, par Richelet, 1 vol. in-8. Paris, 1751.

583. *Dictionnaire des proverbes français*, 1 vol. in-8. Paris, 1747.

584. *La Logique*, de Port-Royal, 1 v. in-12. Paris, 1730.

585. *L'Art de communiquer ses idées*, par M. Delachapelle, 1 vol. in-12. Londres-Paris, 1763.

586. *Principes de style*, ou Observations sur l'art d'écrire, 1 vol. in-12. Paris, 1779.

587. *Grammaire italienne*, de Vénéroni, 18e. édition, 1 vol. in-8. Lyon, 1774.

588. *Abrégé de la langue toscane*, par Palomba, 2 vol. in-8. Paris, 1768.

589. *Dictionnaire italien et français*, par Annibal Antonini, 2 vol. in-4. Venise, 1779.

590. *Grammaire nouvelle*, espagnole et française, par Sobrino. Bruxelles, 1745.

591. *Les Élémens de la langue anglaise*, par Peyton, Londres-Paris, 1783.

592. *Degli ammaestramenti che appartengono alla educazione delle virgini maritate et vedovile*, di Lad. Dolo, 1 vol. in-12. Venitia, 1622.

LITTÉRATURE.

593. *La France littéraire*, 5 vol. in-8. Paris, 1769 à 1778.

594. *Histoire de la littérature française*, depuis les temps les plus reculés jusqu'à nos jours, par Labastide, 2 vol. in-12. Paris, 1772.

595. *Tableau des Révolutions de la littérature*, par Denina, 1 vol. in-12. Paris, 1767.

596. *Les Trois siècles de la littérature française*, par Sabatier, 4 vol. in-12. Paris, 1781.

597. *Dictionnaire des pensées ingénieuses*, tant en vers qu'en prose, des meilleurs auteurs français, 2 vol. in-8. Paris, 1773.

598. *OEuvres de Saint-Évremont*, 10 vol. in-12. Paris, 1740.

599. *Histoire littéraire des troubadours*, 3 vol. in-12. Paris, 1774.

600. *Mélanges de littérature, d'histoire et de phisolophie*, 2 vol. in-12. Amsterdam, 1767.

POÉSIES.

601. *Les OEuvres d'Hésiode*, traduites du grec, par M. Gin, 1 vol. in-12. Paris, 1785.

602. *Homeri Opera quæ extant omnia græcè et latinè*, 2 vol. in-8. Paris, 1747.

603. *L'Iliade d'Homère*, traduction de Bitaubé, 2 vol. in-8. Paris, 1764.
604. *Idem*, traduction de M. Rochefort, 3 vol. in-8. Paris, 1772.
605. *L'Odyssée d'Homère*, traduction de M. de Rochefort, 2 vol. in-8. Paris, 1777.
606. *L'Iliade d'Homère*, traduction de M. Lamothe, 1 vol. in-8. Paris, 1720.
607. *Les Olympiques de Pindare*, traduites en français, par M. de Sozzi, 1 vol. in-12. Paris-Lyon, 1754.
608. *Les Pythiques de Pindare*, traduites par M. de Chabannes, 1 vol. in-8. Paris, 1772.
609. *Les Odes d'Anacréon*, avec la traduction en vers français, par de Lafosse, 1 vol. in-12. Paris, 1704.
610. *Les OEuvres d'Anacréon et de Sapho*, avec la traduction en vers, par Longe-Pierre, 1 vol. in-12. Amsterdam, 1682.
611. *Anacréon*, *Sapho*, *Moschus*, *Bion*, *Tyrtée*, traduits en vers français, par Poinsinet, 1 vol. in-12. Nancy.
612. *Les Poésies d'Anacréon et de Sapho*, avec la traduction française, par mademoiselle Lefèvre, 1 vol. in-12. Paris, 1681.
613. *Les Idylles et autres poésies de Théocrite*, traduites en français, par Gail, 1 vol. in-12. Paris, 1792.
614. *Les Amours pastorales de Daphnis et de Chloë*, traduction du grec, par Amyot, 1 vol. in-12. 1745.
615. *Les Dialogues de Lucien*, traduction de Perrot d'Ablancourt, 3 vol. in-12. Paris, 1707.

POÈTES LATINS.

616. *Publii Virgilii Maronis opera*, *pristino nitore restituta cum notis et variis lectionibus*, *codicibus*, etc. Barbou, figures, 2 vol. in-12.
617. *Les OEuvres de Virgile*, avec la traduction française, par l'abbé Desfontaines, 2 vol. in-12. Amsterd., 1765.
618. *Traduction de l'Énéide de Virgile*, par M. de Segrais, 2 vol. in-8. Lyon, 1709.

619. *Les Géorgiques de Virgile*, traduction de Delille, 1 vol. in-12, 5e. édition. Paris, 1770.

620. *Picturæ antiquissimæ* Virgiliani Codicis, bibliothecæ Vaticanæ. Romà, 1783.

621. *La Pharsale de Lucain*, mise en vers par Brébeuf, 1 vol. in-12. Paris, 1657.

622. *La Pharsale de Lucain*, traduction de Masson, 1 vol. in-12. Amsterdam-Paris, 1766.

623. *Les Métamorphoses d'Ovide*, avec la traduction, 2 vol. in-12. Paris, 1766.

624. *Les Métamorphoses d'Ovide*, mises en vers français, par Thomas Corneille, 3 vol. in-12. Paris, 1700.

625. *Les Métamorphoses d'Ovide*, par Duryer, 4 vol. in-12. La Haye, 1744.

626. *Traduction des Métamorphoses d'Ovide*, par Fontanelle, 1 vol. in-8. Paris, 1767.

627. *Traduction des Épîtres et élegies amoureuses d'Ovide*, 1 vol. in-12. Paris, 1692.

628. *L'Art d'aimer et le remède d'amour*, traduit d'Ovide, 1 vol. in-12. Amsterdam, 1757.

629. *Publii Nasonis Ovidii opera*, 3 vol. in-12. Paris, 1762.

630. *Titi Lucretii Cari, de Rerum naturâ, lib.* VI, etc. 1 vol. in-12. Paris, 1754.

631. *Anti-Lucretius*, sive de Deo et naturâ rerum lib. IX, opus posthumum cardinalis Melchior Polignac, 2 vol. in-12. Paris, 1769.

632. *Traduction libre de Lucrèce*, 2 vol. in-12. Amsterdam, 1768.

633. *Traduction de l'Anti-Lucrèce*, poëme sur la religion naturelle, par le cardinal de Polignac, 2 vol. in-12. Bruxelles, 1755.

634. *Recueil de Traductions*, par le président Bouhier, 1 vol in-12. Paris, 1731.

635. *Les Poésies d'Horace*, avec la traduction française, par le père Sanadon, 2 vol. in-12. Amsterdam, 1756.

636. *Les Quatre poétiques*, d'Aristote, d'Horace, de Vida et de Despréaux, 2 vol. in-12. Paris, 1771.

637. *Les Œuvres de Clément Marot de Cahors*, valet de chambre du Roi, 2 vol. in-16. La Haye, 1700.

638. *Les Poésies de Malherbe*, avec les observations de Ménage, 1 vol. in-8. Paris, 1666.

639. *Œuvres de Régnier*, 1 vol. in-12. Londres, 1730.

640. *Les Jardins*, poëme en quatre chants, du père Rapin, 1 vol. in-12. Paris, 1773.

641. *Les Saisons*, poëme, par M. Saint-Lambert, 1 vol. 3e. édition, Amsterdam, 1771.

642. *Œuvres choisies de J.-B. Rousseau*, avec les couplets, 1 vol. in-12. Rotterdam, 1714.

643. *Œuvres de J.-B. Rousseau*, 1 vol. in-12. Paris, in-12. 1766.

644. *Œuvres de Santeuil*, 1 vol. in-12. Paris, 1698.

645. *Le Temple du Bonheur*, par M. de Querlon, 3 vol. in-12. Paris, 1769.

646. *Le Temple de Gnide*, par Montesquieu, 1 vol in-8.

647. *L'Art d'aimer et poésies diverses*, de M. Bernard, 1 vol. Amsterdam, 1775.

648. *Œuvres de Grécourt*, 2 vol. in-12. Amsterdam, 1762.

649. *Œuvres de Boïleau*, 3 vol. in-12. Paris, 1768.

650. *Les Mois*, poëme en douze chants, par M. Roucher, 2 vol. in-12. Paris, 1779.

651. *Œuvres complètes du cardinal de Bernis*, avec son portrait, 2 vol. in-24. Londres, 1779.

652. *Recueil des plus belles pièces des poëtes français*, depuis Villon jusqu'à Benserade, 6 vol. in-16. Paris, 1752.

653. *Œuvres de madame et de mademoiselle Déshoulières*, 2 vol. in-12. Paris, 1764.

654. *Joseph*, poëme en neuf chants, par Bitaubé, 1 vol. in-16. Paris, 1793.

655. *Les Satires, et autres œuvres de Régnier*, 2 vol. in-12. Paris, 1667.

656. *Recueil des ouvrages de madame du Boccage*, 2 vol. in-12. Lyon, 1764.

657. *Jacobi Vanieri Prædium rusticum*, nova editio cæteris augmentatior cum indice et vitâ autoris, vol. 1 in-16. Paris, 1786.

POÈTES ITALIENS.

658. *La Gerusalemme liberata*, di Torquato Tasso, 2 vol. in-12. Paris, Delalain, 1776.
659. *La Jérusalem délivrée du Tasse*, traduction de Mirabaud, 2 vol in-12. Paris, 1774.
660. *L'Orlando Furioso*, di Ludovico Ariosto, con gli argomenti in ottave rime, di Ludovico Dolca, etc., 4 vol. in-32. Venise, 1730.
661. *Roland le furieux*, poëme héroïque de l'Arioste, traduction de Mirabaud, 4 vol. in-12. La Haye, 1741.
662. *Les Poésies de Métastase*, 9 vol. in-12. Paris, 1755.
663. *L'Aminta*, *favola boscareccia*, di Torquato Tasso, 1 vol. in-12. 1745.
664. *L'Adone*, poema del cavaliere Marino, 1 vol. in-16. Amsterdam, 1651.
665. *L'Arte de gli amanti*, di Pietro Michiele, 1 vol. in-12. Venitia, 1742.
666. *Il Caloandro fedele*, da Gio Ambrosio Marini, nobile Genovese, 2 vol. in-12. Venise, 1725.
667. *Le Gare de' disperati*, *istoria favolegiata*, da Gio Ambrosio Marini, 1 vol. in-12. Venise, 1725.
668. *La Secchia rapita, poema eroi-comico*, da Alessandro Tassoni, 2 vol. in-8. Paris, 1766.
669. *Il Malmantile raquistato, poëma*, di Perlern Zippoli. 1 vol. in-8. Venitia, 1749.
670. *Il Pastor fido*, tragi-comedia pastorale del Cavaliere Guarini. Editione nuova per l'abbate Antonini, 1 vol. in-8. Parigi, 1729.
671. *Prose e rime di messer Giovane della Casa*, par l'abbé Antonini, 1 vol. in-8. Paris, 1727.
672. *La Venitia edificata*, poema heroico, da Giulio Strozzi, 1 vol. in-fol. Venitia, 1624.
673. *Choix de Poésies italiennes*, traduites en français, par Palomba, 1 vol. in-8.
674. *Le Avventure di Telemaco*, 2 vol. in-8. Naples, 1768.
675. *Le Paradis perdu de Milton*, traduction de M. Debeau-Latour, 2 vol. in-8. Londres, 1785.

676. *Le Paradis perdu de Milton*, traduit de l'anglais avec les remarques de M. Adisson, 4 vol. in-12. Paris, 1729.

677. *Les Nuits d'Young*, traduction de Letourneur, 1 vol. in-12. Paris, 1769.

678. *Essai sur l'homme, de Pope*, traduction de Duresnel, 1 vol. in-12. Paris, 1748.

679. *La Lusiade de Camoëns*, 1 vol. in-8. Londres, 1776.

AUTEURS DRAMATIQUES.

680. *Le Théâtre des Grecs*, par le père Brumoy, 6 vol. in-12. Paris, 1749.

681. *Les Tragédies de Sophocle*, traduction de M. Dupuy, 2 vol. in-12. Paris, 1762.

682. *Publii Terenti Afri comœdiæ sex ad optimorum exemplarium*, *etc.*, 2 vol. in-12, figures. Paris, 1753.

683. *Les Comédies de Térence*, avec la traduction et les remarques de M. Dacier, 3 vol. in-12. Amst., 1747.

684. *Marci Accii Plauti comœdiæ quæ supersunt*, 3 vol. in-12. Paris, Barbou, 1759.

685. *Les Comédies de Plaute*, traduites par Gueudeville, 10 vol. in-12. Leyde, 1719.

686. *Les Comédies de Plaute*, traduites en français, par mademoiselle Lefèvre, 3 vol. in-12. Lyon. 1696.

687. *Les Comédies de Térence*, avec la traduction, 1 vol. in-12. Paris, 1710.

688. *Dictionnaire dramatique*, avec une notice des poëtes et musiciens, 3 vol. in-8. Paris, 1776.

689. *Les Chefs-d'Œuvre de Pierre et de Thomas Corneille*, nouvelle édition, avec les notes et commentaires de Voltaire, 4 vol. in-16. Paris, 1788.

690. *Œuvres de Racine*, 3 vol. in-12. 770.

691. *Œuvres de Crébillon*, avec le portrait de l'auteur, 3 vol. in-12. Paris, 1772.

692. *Œuvres de Molière*, 8 vol. in-12. fig. Paris, 1760.

693. *Œuvres de Regnard*, 4 vol. in-12. Paris, 1770.

694. *Esprit de Molière*, 2 vol. in-12. Paris, 1777.

695. *La Prévention nationale*, action adaptée à la scène, avec des variantes, 2 vol. in-12. La Haye, 1784.

696. *Œuvres de Gresset*, Londres, 2 vol. in-12. Londres, 1765.

697. *Théâtre et autres œuvres de Colardeau*, 2 vol. in-8. Paris, 1784.

ROMANS, CONTES, FABLES, NOUVELLES, etc.

698. *Les Aventures de Télémaque*, par Fénélon, 2 vol. in-12. Paris, 1768.

699. *La Cyropédie de Xénophon*, traduite du grec par Charpentier, 2 vol. in-12. Paris, 1775.

700. *Bélisaire*, par Marmontel, 1 vol. in-12. Paris, 1767.

701. *Contes moraux*, de Marmontel, 3 vol. in-12. Paris, 1775.

702. *Histoire de Giblas de Santillane*, par Lesage, 4 vol. in-12, 4e. édition. Paris, 1732.

703. *Séthos*, roman héroïque, par l'abbé Terrasson, 2 vol. in-12. Paris, 1767.

704. *Les Voyages et aventures de Robinson Crusoé*, 3 vol. in-12. Paris, 1782.

705. *Histoire de don Quichotte de la Manche*, 4 vol. in-12. Paris, 1777.

706. *Vida y hechos del ingenioso cavallero Don Quixote de la Mancha*, compuesta por Miguel de Cervantes, etc., 4 vol. in-12. Madrid, 1765.

707. *Voyages de Gulliver*, traduits par l'abbé Desfontaines, 2 vol. in-12. Paris, 1762.

708. *La Mouche*, ou les Espiègleries et aventures galantes de Bigan, 2 vol. in-12. Paris, 1777.

709. *Histoire de la vie de don Gusman d'Alfarache*, 4 vol. in-12. Lyon, 1705.

710. *La Princesse de Clèves*, 1 vol. in-12. Paris, 1752.

711. *Zaïde*, histoire espagnole, par M. de Segrais, 2 vol. in-12. Paris, 1699.

712. *Les Voyages de Cyrus*, avec un discours sur la mythologie, par M. de Ramsay, 1 vol. in-12. Paris, 1727.

713. *Barclai*, *Argenis*, *cum clave*, etc. Lugd. Batavorum ex officinâ Elzevirianâ, 1 vol. in-12. 1630.

714. *Argenis*, roman héroïque, par M. Barclay, 2 vol. in-12. Paris, 1728.

715. *Les Contes et Nouvelles en vers*, de La Fontaine, 1 vol. in-12. Amsterdam, 1717.

716. *Les Amours de Psyché et de Cupidon*, par M. de La Fontaine, 1 vol. in-12. La Haye, 1703.

717. *Contes et Fables indiennes* de Bidpaï et de Lokman, 3 vol. in-12. Paris, 1778.

718. *Il Decamerone di messer Giovani Boccacio, Florentino*, 1 vol. in-4. Venise, 1597.

719. *Æsopi Phrygii fabulæ*, græcè latinè, 1 vol. in-16. Paris, 1602.

720. *Les Fables d'Ésope*, avec celles de Gobrias, d'Aviène, traduites par M. de Bellegarde, 2 vol. in-12. Paris, 1703.

721. *Les Contes et Nouvelles de Boccace, florentin*, 2 vol. in-12. Cologne, 1712.

722. *Les Fables de La Fontaine*, 1 vol. in-12. Paris, 1778.

723. *Les Satires de Juvénal*, avec la traduction par Dussaulx, 1 vol. in-8. Paris, 1770.

724. *Titi Petronii Arbitri, equitis romani, Satyricon*, 1 vol. in-12. Paris, 1677.

725. *Traduction de Pétrone*, d'après le manuscrit trouvé à Bellegrade, 2 vol. in-8. Cologne, 1795.

726. *Histoire secrète de Néron*, ou le Festin de Trimalcion, 1 vol. in-12. Paris, 1726.

727. *L'Éloge de la Folie*, d'Érasme, traduit par Gueudeville, 1 vol. in-12. Neufchâtel, 1777.

728. *L'Éloge de la Folie*, par Érasme, traduction nouvelle.

729. *Le Conte du Tonneau*, par le docteur Swift, 3 vol. in-12. La Haye, 1757.

730. *Cymbalum mundi*, ou Dialogues satiriques, par Bonaventure Despériers, 1 vol. in-12. Amsterdam et Leipsick, 1753.

731. *Le Chef-d'OEuvre d'un inconnu*, par le docteur Mathanasius, 2 vol. in-12. La Haye, 1745.

732. *Mathanasiana*, 2 vol. in-12. La Haye, 1740.

733. *Le Colporteur*, histoire morale et critique, par M. de Chèvrier, 1 vol. in-12. Londres, l'an de la Vérité.

734. *Le Belier*, conte, par Hamilton, 1 vol. in-12. Paris, 1731.

735. *Le Compère Mathieu*, ou les Bigarrures de l'esprit humain, 3 vol. in-12. Londres, 1772.

736. *Paradoxe sur l'abus des sciences*, 1 vol. in-12. 1608.

737. *Le Spectateur Français*, par M. de Marivaux, 2 vol. in-12. Paris, 1728.

738. *Le Spectateur*, ou Socrate moderne, traduit de l'anglais, 6 vol. in-12. Amsterdam, 1741.

739. *Le Mentor moderne*, traduit de l'anglais, 3 vol. in-12. Rouen, 1725.

740. *Les Satires et autres œuvres de Regnier*, 1 vol. in-12.

741. *Le Faux Aristarque reconnu*, 1 vol. in-12. Amst., 1733.

742. *L'an 2440, rêve s'il en fut jamais*, 4 vol. in-12. Paris, 1693.

743. *Songe philosophique*, par Mercier, 1 vol. in-12. Londres-Paris, 1768.

744. *Tableau de Paris*, par Mercier, 8 vol. in-8. Amsterdam, 1782 et 1783.

745. *Lettres sur les Aveugles*, à l'usage de ceux qui voient, par Diderot, 1 vol. in-12. Londres, 1749.

746. *Idées singulières*, contenant le pornographe et le mimographe, par Rétif de la Bretonne, 2 vol. in-8. Paris, 1769.

747. *Opuscules de Fréron*, 3 vol. in-12 Amst., 1753.

748. *L'Homme de Cour*, de Balthazar Gracian, traduit par Amelot de la Houssaye, 4e. édition, 1 vol. in-12. Paris, 1745.

749. *Lettres juives*, du marquis d'Argens, 6 vol. in-12. La Haye, 1742.

750. *Œuvres de maître François Rabelais*, 3 vol. in-12. Paris, 1789.

751. *Lettres persanes*, de Montesquieu, 1 vol. in-12. Amsterdam, 1730.

752. *Les Caractères de Théophraste et de la Bruyère*, 2 vol. in-12. Londres, 1790.

753. *Amilec*, ou la Graine d'homme, par le docteur Tiphaigne, 1 vol. in-16. 1753.

754. *Les Métamorphoses*, ou *l'âne d'or d'Apulée*, 2 vol. in-8. Paris, 1787.

THÉOLOGIE, RELIGION, PHILOSOPHIE, MORALE, etc.

755. *Origine de tous les cultes*, par Dupuis, 4 vol. in-4.
756. *Idée générale de la Théologie païenne*, 1 vol. in-12. Amsterdam, 1699.
757. *Théologie païenne*, ou Sentimens des philosophes et des peuples les plus célèbres sur Dieu, 2 vol. in-12. Paris, 1754.
758. *Histoire du Ciel*, ou l'on cherche l'origine de l'idolâtrie, par Pluche, 2 vol. in-12. Paris, 1748.
759. *Le Théisme*, Essai philosophique, 1 vol. in-8. Londres, 1773.
760. *Phédon*, ou Entretiens sur la spiritualité et l'immortalité de l'âme, par Jonquier, 1 vol. in-8. Paris, 1787.
761. *Ébauche de la Religion Naturelle*, par Wollaston, 3 vol. in-12. La Haye, 1756.
762. *De l'Importance des opinions religieuses*, par Necker, 1 vol. in-8. Paris, 1788.
763. *La Sainte Bible et le Nouveau Testament*, par M. Lemaître de Sacy, 3 vol. in-12. Paris, 1722.
764. *La Vie des saints*, 1 vol. in-fol.
765. *Biblia sacra vulgata*, etc. Cologne, 1743.
766. *Dictionnaire de la Bible*, de dom Calmet, 2 vol. in-fol. avec figures. Paris, 1722.
767. *Nouveau Testament*, en grec et en latin, par Emmanuel Trémellius, 1 vol. in-fol. 1569.
768. *Les Psaumes de David*, 1 vol. in-12. Paris, 1665.
769. *Nouvelle Version des psaumes*, faite sur le texte hébreu, par les auteurs des Principes discutés, 1 vol. in-12. Paris, 1762.
770. *L'Histoire et la religion des Juifs*, depuis Jésus-Christ jusqu'à présent, 6 vol. in-12. Rotterdam, 1707.
771. *Histoire des variations des Églises protestantes*, par Bossuet, 4 vol. in-12. Paris, 1760.

772. *Histoire impartiale des Jésuites,* par Linguet, 2 vol. in-12. Paris, 1768.

773. *Mémoires historiques*, pour servir à l'histoire des inquisitions, 2 vol. in-12. Cologne 1716.

774. *Histoire des diables de Loudun*, 1 vol. in-12. Amsterdam, 1716.

775. *Abrégé de l'histoire de Port Royal*, par M. Racine, 1 vol. in-12. Paris, 1767.

776. *Recherches sur la nature du feu de l'enfer,* par Wender, 1 vol. in-12. Amsterdam, 1757.

777. *Traité des anges et des démons*, par Maldonac, 1 vol. in-12. Paris. 1605.

778. *La Bible expliquée*, par les aumôniers.

779. *Histoire de l'Alcoran*, par M. Turpin, 2 vol. in-12. Paris, 1775.

780. *L'Alcoran de Mahomet.*, par Duryer, 2 vol. in-12. Amsterdam-Leipsick, 1770.

781. *Les fables égyptiennes et greques dévoilées*, par Pernetti. 2 vol. in-8. Paris 1758.

782. *Les œuvres diverses du père Rapin*, etc., 1 vol. in-12. Amsterdam, 1710.

783. *Le Monde enchanté, de Becker*, 4 vol. in-12. Amsterdam, 1696.

784. *Les Provinciales*, ou les lettres écrites par Louis de Montalt à un provincial de ses amis et aux jésuites, 1 vol. in-16. Cologne, 1685.

PHILOSOPHIE.

785. *Bibliothéque des anciens philosophes*, contenant les Dialogues de Platon, la Vie de Pythagore, 5 vol. in-12. Paris, 1771.

786. *Œuvres morales de Plutarque*, traduction de l'abbé Ricard, 17 vol. in-12. Paris, 1795.

787. *Diogenis Laërtii, de vitis, dogmatis, apophtegmatis clarorum philosophorum*, lib. x. Gênes, 1616.

788. *Vies des plus illustres philosophes de l'antiquité*, traduites du grec de Diogène Laërce, 3 vol. in-12. Amsterdam, 1758.

789. *Les Mémorables de Socrate*, traduites de Xénophon par Charpentier, 1 vol. in-12. Paris, 1657.

790. *Histoire des Sept Sages*, par M. de Larrey, 2 vol. in-12. Rotterdam, 1716.

791. *Entretiens de Phocion*, sur le rapport de la morale avec la politique : traduit du grec de Nicoclès, avec des remarques par l'abbé Mably, 1 vol. in-12. Amst. 1767.

792. *Lucien (œuvres de)*, 3 vol. in-12.

793. *Entretiens de Cicéron sur la nature des dieux*, traduction de M. d'Olivet, 3 vol. in-12. Paris, 1721.

794. *Les Livres de Cicéron*, sur la vieillesse, l'amitié et les paradoxes, avec la traduction, par Dubois, 1 vol. in-12. Paris, 1725.

795. *Pensées de Cicéron*, avec la traduction par l'abbé d'Olivet, 1 vol. in-12. Paris, 1766.

796. *Les Lettres de Cicéron à Atticus*, avec la traduction, 2 vol. in-12. Paris, 1701.

797. *Les Offices de Cicéron*, avec la traduction, par Dubois, 1 vol. in-12. Paris, 1714.

798. *Ocellus Lucanus : de la Nature de l'Univers*, traduction de l'abbé Batteux.

799. *Les OEuvres de Sénèque le Philosophe*, traduction de Lagrange, 7 vol. in-12. Paris, 1778.

800. *Pensées de Sénèque*, recueillies par Labeaumelle, 1 vol. in-12. Paris, 1727.

801. *Réflexions morales de l'empereur Marc-Antonin*, 2 vol. in-12. 1772.

802. *Les Nuits attiques d'Aulu Gelle*, 3 vol. in-12. Paris, 1777.

803. *Exposition succinte*, et comparaison de la doctrine des anciens philosophes, 2 vol. in-12. Paris, 1787.

804. *Les Principes de la nature*, suivant les opinions des anciens philosophes, 2 vol. in-12. Paris, 1725.

805. *Histoire et Maximes morales*, extraites des auteurs profanes, nouvelle traduction, 1 vol. in-12. Paris, 1781.

806. *Les Principes de la philosophie* écrits en latin, par Descartes, traduits en français par un de ses amis, 1 vol. in-12. Paris, 1724.

807. *Philosophie de Descartes*, 4 vol. in-12.

808. *Méthode de Descartes*, par le père Daniel, 2 vol. in-12. Paris, 1724.

809. *Voyage du Monde de Descartes*, par le père Daniel, 1 vol. in-12. Paris, 1670.

810. *Les OEuvres Morales et Politiques de François Bacon*, 1 vol. in-8.

811. *OEuvres de Bacon*, in-12.

812. *Sagesse de Charon*, 1 vol. in-8.

813. *Pensées philosophiques, morales et littéraires*, de M. Hume, 1 vol. in-12. Londres-Paris, 1767.

814. *OEuvres philosophiques et politiques*, de Thomas Hoble, 2 vol. in-8. Neufchâtel, 1787.

815. *Dictionnaire historique et critique*, de Bayle, 3 vol. in-fol. Rotterdam, 1715.

816. *Supplément* en un vol. Genève, 1722.

817. *Analyse raisonnée de Bayle*, par l'abbé de Marsy, 4 vol. in-12. Londres, 1755.

818. OEneii Manlii Severi Boëtii, *Consolationes philosophiæ*, 1 vol. in-12. Leyde, 1656.

819. *Les Consolations de la philosophie*, traduites du latin de Boëce, par le père Serizès, 1 vol. in-16. Reims, 1736.

820. *Les Consolations de la philosophie*, de Boëce, 1 vol. in-12. Paris, 1772.

821. *Recherches de la vérité*, par le père Mallebranche, 8e. édition, 4 vol. in-12. Paris, 1749.

822. *Les Essais de Michel Montaigne*, 3 vol. in-4. Paris, 1725.

823. *Civitas veri sive morum*, Bartholomei Belbene, etc. Parisiis, 1609.

824. *Journal du Voyage de Montaigne*, 1 vol. in-4. Paris, 1774.

825. *De l'Homme et de ses facultés intellectuelles*, par Helvétius, 2 vol. in-12.

826. *De l'Esprit*, par Helvétius, 2 vol. in-12. Amsterdam,

827. *Système de la nature*, ou des Lois du monde physique et moral, par Mirabaud, 2 vol. in-8. Londres, 1771.

828. *Philosophie de la nature*, ou Traité de morale pour le genre humain, 7 vol. in-8. Londres, 1787.

829. *Les Préjugés détruits*, par Lequinio, 1 vol. in-8. Paris, 1793.

830. *Nouveau système de philosophie*, établi sur la nature des choses, 2 vol. in-12. Paris, 1728.

831. *Critique de la philosophie*, par M. Deslandes, 5 vol. in-12. Amsterdam, 1741.

832. *Le Bon Sens*, ou Idées naturelles opposées aux idées surnaturelles, 1 vol. in-12. Londres, 1786.

833. *Traité des Extrêmes*, ou Élémens de la science de la réalité, par Changeux, 2 vol. in-12. Amsterdam-Paris, 1762.

834. *Les Mœurs*, par Toussaint, 1 vol. in-12. Amsterdam, 1763.

835. *Maximes de La Rochefoucauld*, 1 vol. in-12. Amst. 1748.

836. *L'art de se connaître soi-même*, par Abadie, 1 vol. in-12. Rotterdam, 1710.

837. *Mélanges de littérature, d'histoire et de philosophie*, par d'Alembert, 4e. édition, 2 vol. in-12. Paris, 1767.

838. *De la Nature*, 1 vol. in-12. Amsterdam, 1761.

839 *Essai sur l'Origine des connaissances humaines*, par Condillac, 1 vol. in-12. Paris, 1788.

840. *Recherches philosophiques sur les Égyptiens et les Chinois*, par M. Paw, 2 vol. in-12.

841. *Recherches sur les Américains*, ou Mémoires intéressans pour servir à l'histoire de l'espèce humaine, par M. Paw, 3 vol. in-12. Londres, 1771.

842. *La Raison par alphabet*, par Voltaire, 6e. édition, 2 vol. in-8. Paris, 1789.

843. *Recherches sur l'origine du despotisme oriental*, par Boulanger, 2 vol. in-12. Suisse, 1791.

844. *L'Antiquité dévoilée par ses usages*, par Boulanger, 4 vol. in-12. Suisse, 1791.

845. *Le Christianisme dévoilé*, par Boulanger, 2 vol. in-12. Suisse, 1791.

846. *Œuvres mêlées de Boulanger*, contenant les articles Corvée, Déluge, etc., 2 vol. in-12. Suisse, 1791.

847. *Lettres de Thrasibule à Leucippe*, ouvrage posthume de Fréret, 1 vol. in-12. Londres.

POLITIQUE ET GOUVERNEMENT.

848. *La République de Platon*, 2 vol. in-12. Amsterdam, 1763.
849. *Les Lois de Platon*, 2 vol. in-12. Amsterdam, 1769.
850. *L'Économique de Xénophon*, et le Projet de finance, traduit par M. Dumas, 1 vol. in-12. Paris, 1768.
851. *Traité des Lois de Cicéron*, traduction de Moralin, 1 vol. in-12. Paris, 1777.
852. *Le Droit de la nature et des gens*, par Pufendorf, 2 vol. in-4. Amsterdam, 1712.
853. *Les Devoirs de l'homme et du citoyen*, tels qu'ils sont prescrits par la loi naturelle, par Pufendorf, trad. de Barbeyrac, 2 vol. in-12. Amsterdam-Leipsick, 1756.
854. *Les Droits de la guerre et de la paix*, par Grotius, 2 vol. in-4. Bâle, 1746.
855. *Traité Philosophique des lois naturelles*, par Cumberland, 1 vol. in-4. Amsterdam, 1744.
856. *Des Droits et des Devoirs du citoyen*, par l'abbé Mably, 1 vol. in-12. Paris, 1789.
857. *L'Esprit des Lois romaines*, par Regnier, 3 vol. in-12. Paris, 1766.
858. *L'Esprit des Lois*, par Montesquieu, 4 vol. in-12. Amsterdam, 1740.
859. *Considérations sur les causes de la grandeur des Romains et de leur décadence*, par Montesquieu, 1 vol. in-12. Paris, 1769.
860. *L'Esprit des maximes politiques*, pour servir de suite à l'Esprit des lois de Montesquieu, 2 vol. in-12. Paris, 1757.
861. *Les Six Livres de la République*, de Jean Bodin, 3 vol. in-8. Paris, 1579.
862. *L'Utopie de Thomas Morus*, 1 vol. in-12. Paris, 1780.
863. *Annales politiques*, de l'abbé de Saint-Pierre, 2 vol. in-12. Londres, 1758.
864. *Les Rêves d'un homme de bien*, par l'abbé de Saint-Pierre, 1 vol. in-12. Paris, 1775.

865. *Traité du bonheur public*, de Muratori, 2 vol. in-12. Paris, 1772.
866. *Le Bonheur public*, 1 vol. in-12.
867. *Œuvres de Machiavel*, 8 vol. in-8. Paris, 1793.
868. *Dei delitti e delle pene con aggiunta del Commentario di Voltaire*, 1 vol. in-8. Londres, 1774.
869. *Traité des Délits et des Peines*, traduit de l'italien, 1 vol. in-12. Lausane, 1766.
870. *Du Contrat social*, ou Principes du droit politique de J.-J. Rousseau, 1 vol. in-8. Genève, 1782.
871. *Discours sur l'Origine et les fondemens de l'inégalité parmi les hommes*, par J.-J. Rousseau, Amst. 1755.
872. *Discours sur l'origine de l'inégalité parmi les hommes*, pour servir de réponse à celui de J.-J. Rousseau, par de Castillon, 1 vol. in-8. Amsterdam, 1756.
873. *L'Ami des hommes*, ou Traité de la population, par Mirabeau, 2 vol. in-12. Hambourg, 1758.
874. *Projet d'une Dîme royale*, par le maréchal de Vauban, 1 vol. in-12. Paris, 1760.
875. *Mémoires présentés au duc d'Orléans*, régent de France, par le comte de Boulainvilliers, 1 vol. in-12. La Haye-Amsterdam, 1727.
876. *De l'Administration des finances de la France*, par Necker, 3 vol. in-12. Paris, 1785.
877. *Opuscule sur l'économie politique.*
878. *Le Citoyen désinteressé*, par Dussaussoi, 1 vol. in-12. Paris, 1767.
879. *Moyens de rendre les rues de Paris parfaitement propres*, par Tournus, Paris, 1789.
880. *Coup d'œil politique sur le continent*, 1 vol. in-8, Paris, 1800.

POLYGRAPHES.

881. *Correspondance générale de Voltaire*, 18 vol. in-8. Paris, 1785.
882. *Œuvres complètes de Voltaire*, édition de Kehl, 61 vol. in-8. Paris, 1770 à 1776.
883. *Histoire littéraire de M. de Voltaire*, par le marquis de Luchet, 6 vol. in-8. Cassel, 1781.

884. *Commentaires sur la Henriade*, par la Beaumelle, 2 vol. in-8. Berlin, 1775.

885. *Œuvres complètes de J.-J. Rousseau*, citoyen de Genève, 37 vol. in-12. Paris, 1793.

886. *Œuvres du père Rapin*, 2 vol. in-12. Amst. 1709.

887. *Œuvres du président Nicole*, 1 vol. in-12. Paris, 1662.

888. *Œuvres divers de Cyrano de Bergerac*, 2 vol. in-12. Amsterdam, 1761.

BIBLIOGRAPHIE.

889. *Dictionnaire bibliographique, historique et critique des livres rares*, 3 vol. in-12. Paris, 1790.

890. *Bibliographie instructive*, ou Traité de la connaissance des livres rares et singuliers, par Debure, 7 vol. in-8. Paris, 1768.

IMPRIMERIE DE FAIN, PLACE DE L'ODÉON.

www.ingramcontent.com/pod-product-compliance
Ingram Content Group UK Ltd.
Pitfield, Milton Keynes, MK11 3LW, UK
UKHW020444180726
13839UKWH00004B/1618

9 782329 588681